人妻手記
あなたごめんなさい……
昼顔妻は持て余した性欲で
淫らに咲き狂う
竹書房文庫

第一章

淫らに咲き狂う昼顔

第二章

妖しく咲き蕩ける昼顔

第三章 不埒に咲き爛れる昼顔

第四章
艶やかに咲き乱れる昼顔

第一章

淫らに咲き狂う昼顔

■まるで痛みにも近いその極太の快感に、私は気も狂わんばかりに悶え、喘いで……

白昼堂々セールスマンのデカチンを味わいむさぼった私

投稿者 山内明菜(仮名)/32歳/パート

その日、私はやたらムシャクシャしていました。

前日、遅くに帰ってきた夫が、嗅いだことのない下品な香水の匂いをその体にまとわせていたことを、今朝問い質してみると、

「そんなこと、おまえに関係ないだろう! 仕事上のつきあいだよ」

と、たいして理由にもなっていないような答えでごまかそうとし、そそくさと出勤してしまったからです。

私はそこに浮気の疑いを抱きました。

実はここ半年ほど、私は子どもができないことに焦りを覚え、夫に対して精のつく食事を無理に食べさせたり、排卵日に合わせた厳密なセックスを強要したりといった具合にやたら神経質になり……とうとう夫から「俺は子どもをつくるための道具じゃない」と反発され、皮肉にも逆にセックスレス状態に陥ってしまったのです。

なので、外に「子づくりのためのセックスを強要されない」女をつくったことは十分考えられたからです。

もう……お義母さんからしょっちゅう「孫はまだか」って催促される私の身にもなってよ……私は下着類を乱暴に洗濯機に放り込みながら、心中で夫に対する不満を愚痴っていました。

そして同時に、溜まりに溜まった欲求不満も抱えていて。

今度は逆に、子どものことなんてもうどうでもいいから、とにかく抱いてほしい！　そんなふうな心境にさえなっていたのですが、こちらももう意地になってしまってそんなことは言い出せず……そう、まだほんのお昼すぎだというのに、今こんなふうに、ゴウンゴウンと洗濯機の回る音を聞きながら居間のソファに座って、カットソーの内側からごそごそとブラジャーを外し脱ぎ、スカートをたくし上げてストッキングとパンティを脱いで、自らの恥ずかしい部分を空気にさらしている始末。ふとした瞬間にたぎり昂ぶってくる性欲の火照りを自分で鎮めるしかないのです。

右手で乳房を揉み回しながら乳首をいじくり、左手でクリトリスをこね回し、ゆっくりと肉溝の周囲を撫で回し始めると、あっという間に亀裂から熱い肉汁が滲み溢れ出してきました。なんだか今日はいつもにも増して激しく感じてしまいます。

「あっ、んん……う、んくぅ……」

乳首もビンビンに固く尖り脈打ち、見る見るぬかるんでくる肉溝に、指がどんどん深く沈み込んでいってしまいます。

と、私がそんな快楽の忘我の境地をさまよっているまさにそのとき、ピンポーンと玄関チャイムの音が聞こえてきました。「もう、何よ、今いいとこだっていうのに……」私は文句をつぶやき、一瞬居留守を使ってオナニーを続けようかと思ったのですが、そういえば今日、姑からの荷物が着く予定だったことを思い出しました。

チッと舌打ちをしながら、私はささっと身づくろいした上下の服の下はノーブラ、ノーパンのまま玄関へ向かい、とりあえずドアの覗き穴から訪問者を窺いました。すると、そこに立っていたのは荷物を持った宅配業者ではありませんでした。

スーツ姿の若い男……しかも私好みのイケメンが、黒いアタッシェケースを持って立っていたのです。きっと何かのセールスマンでしょう。

でも、もう私はそんなこと、どうでもよくなってしまっていました。

正直言って、私はその彼のイケメンぶりに即座に反応し、アソコからの分泌液がどっと増量したのを自覚していました。

この彼に抱かれたい！　オマ〇コめちゃくちゃに突かれたい！

そう、日頃の欲求不満と、まさにその直前まで耽っていたオナニーの快感の昂ぶりとが合わさり、うねり……自分でも信じがたいほどの欲望のエネルギーに激しく煽られるまま、私の理性は吹き飛び、一匹の純然たる盛りのついたメス犬になってしまっていたのです。

おもむろにガチャッとドアを開けると、「あ、突然すみません、私、〇〇〇カンパニーの……」という相手の挨拶の言葉をさえぎるようにしてその腕をとると、有無を言わさずマンション室内に引っ張り込みました。「あ、あのっ……！」「いいから、いいから！　なんでも買ってあげるから！」私の勢いに押されるようにして彼はあたふたと靴を脱ぎ、三和土《たたき》を上がりました。

そしてそのまま私が夫婦の寝室まで引っ張っていくと、さすがの彼もためらい、「お、奥さん、すみません……これはいったい、どういう……？」

と、しどろもどろに訊いてきたので、私は言い放ってやりました。

「いいから黙って私とセックスすればいいのよ！　そんでたっぷり満足させてくれたら、お宅の商品、なんでも買ってあげるって言ってるの！　わかった？」

さすがにここにきて彼も事態を把握したようで、さっきまでは驚きと不安しかなかったその顔に、やたら余裕めいた表情が浮かんできました。

「そういうことですか……奥さん、どうしようもなく飢えてるんですねえ。わかりました。お相手させてもらいますよ。でも逆に、途中で勘弁してって言っても、許しませんからね。いいですか？」

豹変したその態度を、一瞬怪訝に思いましたが、続いて持っていたアタッシェケースを脇に置き、テキパキとスーツを脱いでピッチリとしたボクサーショーツ一丁になった彼の姿を見て、私は息を吞みました。

そのこんもりと盛り上がった股間の膨らみの豊かさときたら……明らかに夫などの比ではありません。これは相当のデカチンです。さっきの態度は、これを使ってこれまで多くの女を啼かせてきた、その余裕ゆえだったのでしょう。

「あ、ああ……すてき……」

私は目の前に仁王立ちしている彼の前にひざまずくと、その股間の膨らみに頰を寄せ、手のひらに余るほどの塊をまさぐり、揉みしだきました。すると薄い布地の下で、またたく間に固くこわばってくるのがわかります。私はもうたまらなくなってしまい、ズルリとボクサーショーツを引きずり下ろし、脱がせました。

途端にブルンッ！　とものすごい勢いで勃起したペニスが跳ね上がり、お腹につかんばかりの角度でそそり立ちました。その長さは優に二十センチ近く、太さも軽く五センチ以上ありそうです。私の読みどおり、余裕で夫の一・五倍はある逸物でした。

「んじゅぶ、んぶっ……じゅぶっ、ぐぷっ……」

私は脇目もふらずしゃぶりたて、フェラに没頭しました。すでにもう何軒かセールスに回ってきたであろう、その汗臭い男臭をふんだんに味わいながら……。

十分近くもそうさせたあと、彼は私を立たせ、ベッドに押し倒してきました。そして服を脱がそうとしながら、

「うわっ、まさかのノーブラノーパン！　しかもこの粘ついたマ〇コの感触……そーゆーことか。俺が来るまでまさにオナニー真っ最中だったってわけだ。ほんと、とんだインラン奥様だよ」

と、ニヤつきながら言い、

「じゃあ、しちめんどくせえ前戯なんかいらねえよな？　とっととお待ちかねのぶっといチ〇ポをぶち込んでやるよ！」

と、スカートを脱がすことなくまくり上げただけで、露わになった私の肉溝めがけて、ズブリと肉棒を突き立ててきました。

ああ、その熱くて力強い衝撃ときたら……！

「あっ、あああ……ひっ、ひぃ……す、すごっ！　オマ〇コ裂ける～っ！」

まるで痛みにも近いその極太の快感に、私は気も狂わんばかりに悶え、喘ぎ、感じ乱れまくってしまって！

「ううっ、お、奥さんのここもけっこう締まるぜぇ……すげえイイ！」

「あ、あああ、あふん、ひっ……あひ、ああん～～～～！」

結局、彼が射精するまでの間に、優に三回はイキ果ててしまった私。

最後は口の中にたっぷりと出してもらい、その若く生臭い濁流を味わい、ゴクゴクと飲み下していました。

「それであの……お買い上げの件なんですが……」

「ええ、いいわよ、約束どおりなんでも買ってあげるわ」

事後、元の腰の低いセールスマン・モードに戻った彼が差し出してきたのは、なかなかお高い健康食品が何点か。

総額二万三千円。

家計的にはちょっと痛かったけど、私は心身ともに満足感でいっぱいでした。

■その脈打つ汚物は私の無様に広げられた秘部の肉ビラを割って押し入ってきて……

子供たちの遊ぶ公園のトイレで人知らず犯され汚されて

投稿者　大久保美雨（仮名）／27歳／専業主婦

それほど遠くはない距離で、キャッキャと楽しそうにはしゃぐ子供たちの声が聞こえてきます。昼下がりの公園でののどかな光景。

でも、私はといえば、その公園の中の片隅にある公衆トイレの個室の中、薄汚れたドアに背中を押しつけられながら、膝下を抱えられ片脚を高く持ち上げられる格好で、ぱっくりと開いた女陰に男の肉棒を突き入れられています。

「ハッ、ハッ、ハッ、ハッ、ハッ……！」

「んぐ、ん、うぐ、くぅ、ぐふ……」

男の荒い息遣いに対して、私は口に汚い布切れを突っ込まれているため、くぐもった呻き声しか発することができません。

そうやって、いつ果てるともしれない激しい肉の抜き差しに身を揺さぶられながら、私はつい十分前のことを、ぼんやりと思い出していました。

お昼ごはんを食べ終わってしばらく後、私はいつものように二歳の娘と二人、自宅マンションを出て近所の公園へと向かいました。昼すぎの二時から四時くらいまでの間、この公園は界隈の小さな子供たちの遊び場であり、同時にその母親たちの交流の場となっているのです。

私と娘が行くと、すでに顔なじみの佐々木さん親子と伊藤さん親子が先に来ていました。私は娘を彼女たちの子供らの元へ遊びに向かわせると、例によって母親同士で他愛のないよもやま話に花を咲かせ始めました。一番の話題は某人気アイドルの薬物スキャンダルです。

でも、話し始めて五、六分後くらいのことでした。

私は急にお腹の具合が悪くなり、激しい便意を覚えるようになりました。ひょっとして、今朝食べた昨日の夕食の残りのシチューがよくなかったのかもしれません。そういえばちょっと変な臭いがしていたような……今思えば、娘に食べさせなかったのは不幸中の幸いだったのかも？

「ごめん、私、ちょっとトイレ行ってきてもいいかな？」

「うん、いいよ。真由ちゃんのことはちゃんと見ていてあげるから、行っといでよ」

「ありがとう。じゃあ頼んじゃうね」

私は無理して笑顔をつくりながら、娘を彼女らに託すと急ぎ足でトイレへと向かったのです。そして中の個室に駆け込むと、慌ててスカートをたくし上げパンストと下着を膝まで下ろして洋式トイレの便器に腰かけ、勢いよく解き放ちました。

「は……はぁ〜〜〜〜〜〜〜〜〜っ……」

なんとか間に合い、私はその解放感と安堵のあまり、思わず長い溜息を吐き出していました。そして排泄器まわりをきれいに拭き清めて水を流すと、娘たちのほうに戻るべく、一息ついたあと立ち上がろうとしました。

と、そのときでした。

いきなり個室トイレのドアが開いて、一人の薄汚い格好をした男が中に入ってきたのは。「えっ、なんで……!?」とうろたえ、思わず固まってしまった私でしたが、さっき慌てすぎていたあまり、内鍵を締め忘れてしまったにちがいありません。

瞬時に大声をあげようとした私でしたが、相手に素早く布切れを口に突っ込まれ、口を塞がれてしまいました。そしてさっさと鍵をかけた向こうは、すばやく私と体を入れ替えて私の背をドアに押しつける格好になったのです。

「お、おとなしくしろ……じゃないと、殺すぞ……!」

「……んんっ、んぐ、ぐふっ……」

ドスの利いた声で脅しかけてくる向こうに対して、私は言葉にならない呻き声を発しながら、うんうんと首をうなずかせて、理解した旨を伝えようとしました。すると、なんとかその意図は伝わったようで、向こうは満足そうに「よしよし」と言いました。でも、これから一体なにをするつもり……？

そんな私の疑問は、次の瞬間、無残なまでに明らかとなりました。

向こうは引きちぎらんばかりの勢いで私のブラウスのボタンを外すと、乱暴に前を開いて強引にブラを押し上げて、私の乳房を露出させてきたのです。

「ああ、五年ぶりの女のナマ乳だあ……た、たまんねえっ！」

そしてそう言うと、両手で乱暴に乳肉を摑み、わしわしと揉みしだきながら、無理やりキューーッと尖らせた乳首にしゃぶりつき、吸い、舐め回してきました。それはあまりにも自分勝手で独りよがりの愛撫で、私には苦痛しか感じられませんでした。

「んひッ……ぐぅ、うくぅ……んぐ、うぐッ……」

すすり泣きのような呻き声を漏らしながら、それに耐え忍んでいた私でしたが、いやでいやでしょうがない頭と、即物的な肉体とではやはり反応が違うのでしょうか？ 嫌悪で泣き叫ぶ心中とは裏腹に、無理やり注ぎ込まれる胸の性感帯への刺激に、私は少しずつ感じ始めてしまっていました。

「はぁはぁはぁ……おっ、だんだん乳首が立ってきたじゃねぇか。あんたもキモチいいんだな、え？　じゃあお互い一緒に楽しもうじゃねぇか、ああ？」

そう言いながら、相手はスカートをまくり上げてパンストごと下着の中に手を突っ込み、私の秘部をまさぐってきました。

「おお、やっぱこっちのほうも濡れてきてる！　そうかそうか、そんなに俺のチ○ポが欲しいか！　よしよし、今くれてやるからな……おらっ！」

私の秘部の反応を確かめた相手は、そう言うや否や、私のパンストと下着を脱がせ剝ぎ取ってしまうと、個室の隅に放り投げました。そして素っ裸にされてしまった下半身の片側の脚を抱えて高く持ち上げながら、自分のうす汚れたズボンのチャックを下ろし、なんともいやなすえたような悪臭を放つ勃起したペニスを剝き出しにすると、私の秘部に押しつけてきたのです。

（い、いやよ！　そんな汚いモノを直に私の中に入れないでぇっ！）

私は心の中で嫌悪の絶叫をあげましたが、もちろんそれは相手に通じることはなく、とうとう情け容赦なく、その脈打つ汚物は私の無様に広げられた秘部の肉ビラを割って押し入ってきてしまいました。

「んぐふ……っくぅ、んん、うぐっ……んんん〜〜〜〜〜っ！」

「おおっ、おお！　あったかくてトロトロで……き、きもちいい～～～～～っ！　あんたのオマ○コ、最高だぜっ！　ほら、あんたも感じるだろ？」

そう言って相手はガンガン突きあげてきて、私ももう、そのあまりの迫力に反応せざるを得ませんでした。

「んぐぅ……んっ、んっ、んっ……うぐぅぅ……」

「おおう、で、出る……中にぶっ放すぞぉっ……あぐっ！」

次の瞬間、私の中で熱いほとばしりが弾けるのがわかりました。ものすごい量の精液を中で出されてしまったのです。

満足した相手はそそくさと去っていき、私はぐったりとその場に取り残されました。

五分後、ようやく身づくろいをし、気を取り直してママ友たちのところに戻りましたが、しばらくは頭がぼんやりとして心ここにあらずでした。

その後幸い、見ず知らずの男の子を孕んではいないことがわかり、ほっと一安心でしたが、この日の悪夢のような記憶は永遠に忘れることはできなさそうです。

■全裸になった私たちは、まるでケダモノのような激しさで抱き合い、からみ合い……

夫の留守に訪ねてきた義兄と交わった禁断の昼下がり

投稿者　瀬戸あすか（仮名）／25歳／OL

実は前からすごい気になってた。

悠くんのお兄さんの賢人さんのこと。五才年上の三十歳で、私にとっては義兄ってことになるのね。おとなしくて真面目な夫、公務員の悠くんと違って、個人で雑貨輸入の仕事をしてるってことで、そんな自由業ならではのチャラっぽさがあって最初はあんまり好きじゃなかったんだけど、結婚して一年が過ぎるとなんの面白味もない悠くんのことがすごくつまらなくなってきちゃって……逆に賢人さんのほうに惹かれるようになっちゃったのね。

賢人さんも前から、まあきっと冗談だったんだろうけど、「あすかちゃん、悠に飽きたら俺がいつでも遊び相手になってやるからな」って言ってて、そのときは笑い飛ばしてたけど、まさか今になって本当にそんな気分になってくるなんてね。

そんなある日曜日、私は普通に会社が休みだったけど、悠くんのほうは急遽の休日出勤ということで、呼び出されて昼前に慌てて出かけてった。

も～っ、今日は近所のアウトレットモールへ一緒に買い物に行く予定だったのに～、と不満たらたらの私。

でも、そのときだった。アパートの玄関チャイムが鳴ったのは。

何よ～？　と思いながら訪問相手を確認すると、なんと賢人さんだった。

「ごめんね、いきなり来ちゃって。昨日までタイのほうまで買い付けに行ってたんだけど、いいお土産見つけたんで持ってきちゃった。あれ、悠はいないの？」

私が事情を説明すると、そりゃお気の毒に～なんて笑いながら、じゃあまたって言ってお土産を置いて帰ろうとするから、私、慌てて引き留めちゃった。せっかく来たんだからお茶でも飲んでいってくださいって。

そしたら、そう言う私の目を見て、賢人さんは私の意図を敏感に察しちゃったみたい。正直私、今日この瞬間が、前から言われてた「賢人さんに遊び相手になってもらう」絶好のチャンスだと思ったのね。もちろんそれは『オトナの男と女の遊び』ってことだけど。

悠がいないときに若い奥さん一人だけの家に上がり込むなんていいのかな～、なんて口では言いながら、でも賢人さんの行動に躊躇は全然なかった。さっさと三和土《たたき》で靴を脱ぐと2DKのアパートの室内に上がり、私に勧められるままに、居間として使ってる六畳の和室の座卓の前にあぐらをかいて座った。戸は閉まってるから中は見えないけど、すぐ隣りは四畳半の私たち夫婦の寝室だ。なんかドキドキする。

私はお茶をいれ、座卓を挟んだ対面ではなく、あえて賢人さんから近いすぐ隣り合う一郭に脚を崩して横座りに座った。そしてしばらくの間、無難でとりとめのない世間話や親戚間の話題なんかを話してたんだけど、次の賢人さんの一言で二人の間の空気が微妙に変わってしまった。

「で、悠とはうまくいってるの？　あいつったらあんなふうに真面目で無口じゃん？　全然そーゆー話しないからさ」

私の心臓が、トクン、と軽く弾んだ。

「うまくいくってどういうこと？　ううん、逆にうまくいってないってどういうことかなあ？　私、わかんない。お義兄さん、教えてくれませんか？」

そして上目づかいにそう問い返した私に対して、賢人さんは言った。

「ん？　え〜と……ほら、あいつって昔からガールフレンドとかそういうのもほとんどいた試しがなかったし、まあその、女性経験値がゼロみたいなもんだから、あすかちゃんのこと、女としてちゃんと悦ばせてあげられてるのかなって、さ」

私はぐっと前のめりに賢人さんのほうに膝を詰めて、こう言ってた。

「悦ばせてもらえてないって言ったら、お義兄さん、どうしてくれるんですか？」

賢人さんは私の目をまっすぐに見返してきて、二人の熱い視線が正面からぶつかり、からみ合った。そして、ごく自然にお互いの顔が近づき合っていき、唇を重ねてた。

賢人さんはチュッチュ、チュッと、まるで小鳥がついばむように私の唇に触れたあと、次にじんわりと密着させてくると唇全体を包み込むように舐め、吸い、味わって……いよいよ舌を滑り込ませてくると、ニュルニュルと私の舌をからめ取り、ジュルジュルと唾液を啜り上げながら、ますます強く吸引してきた。

「……んあっ、はぁ、ああ……んはぁっ……」

そして、ディープキスの高揚と快感に悶え喘ぐ私の口から糸を引きながら唇を離すと、賢人さんは改めて訊いてきた。

「あすかちゃん、本当に……いいの？　俺、正直、前からあすかちゃんのこといいなって思ってたから、一旦始めちゃったら、もう、止められないけど……」

もちろん、私は躊躇なく頷いてた。

悠くんがこれまで一度もしてくれたことのない、この濃厚なディープキスの快感だけで、私はもう賢人さんのトリコになってた。

ああ、もっともっと、賢人さんに気持ちよくしてもらいたい！

そして私は賢人さんの腕をとると、立ち上がって隣りの寝室へと通じるドアを開けた。まだ昼間なのにカーテンを閉め切っているため薄暗い部屋の中、真ん中にでんと置かれたセミダブルベッドの白いシーツのきらめきが、妖しく淫らに手招きしてくるみたいだった。

「ああ、あすかちゃん……」

寝室に足を踏み入れた瞬間、賢人さんは豹変したかのように私の体を乱暴なほどの力でベッドに押し倒すと、その上に馬乗りになって自分のシャツを脱ぎ始めた。悠くんよりもぐんと筋肉質でたくましい裸の上半身が現れ、盛りのついたメス犬のように心身ともに高揚した私は、ますますときめいてしまう。

そして自分でも服を脱ごうとしたら、賢人さんにその手を止められ、彼の手で強引に荒々しく裸に剝かれてしまった。

ああ、悠くんには絶対に望めない、この無理やり感……たまらない！

賢人さんもさらに下を脱ぐと、晴れて全裸になった私たちは、まるでケダモノのような激しさで抱き合い、からみ合い、むさぼり合った。

私は賢人さんのたくましくいきり立ったペニスを咥えしゃぶり、健人さんは私のドロドロに蕩け乱れきったヴァギナを食みむしゃぶった。

「あ、ああん……もうだめ！　お義兄さん、入れて！　その硬くて太いオチン○ンで私のオマ○コ、奥まで突きまくってぇ〜っ！」

「はぁ、はぁ……あすかちゃん、入れるよ！」

「あはぁっ……あ〜〜〜〜〜〜ん！」

悠くんに比べれば、まるで機関車のように熱く力強いピストンで賢人さんに貫かれ、私は「こんなの初めて！」というありがちな表現そのままに、彼がフィニッシュするまでの間に、なんと五回も絶頂に達してしまった。

いやもう、ほんと、キモチよすぎておかしくなっちゃいそうだった。

そして最後の瞬間、賢人さんはペニスを抜くと、たっぷりの精液を私のお腹の上に解き放って、果てた。この中出ししない気遣いも嬉しかったな。

「まあ、とにかく悠のこと、よろしく頼むね。不器用なヤツだからさ」

そう言って帰っていった賢人さん。

わかりました。でもその代わり、またこうやって私のこと、可愛がってくださいね。

そう心の中で呼びかけた私だった。

■私はペニス全体を濃厚に責め立てながら、同時に玉袋もしゃぶり、転がして……

ゲイのイケメン部下を強制性奴隷におとしめて！

投稿者　並木紗栄子（仮名）／34歳／OL

それは私にとって、思わぬラッキーだったのかな。

前からいいなって思ってた村上くん（二十五歳）……若手男性社員の中ではダントツのイケメンのうえ、高校・大学とラグビーをやっていたということで、ガタイもすごくたくましくて……そんな彼の思わぬ弱みを握ってしまえたっていうのは。

「じゃあ村上くん、私、もう帰るけど」

「あ、お疲れ様です。僕、もうあとちょっと仕事していくんで、お先にどうぞ、主任」

「そう。あんまり無理しないでね。じゃ、お先に」

夜の九時すぎ、そう言って、部署のフロアに村上くん一人を残して、退勤した私だったけど、帰りの電車の中でハッと大事な忘れ物に気づき慌てて引き返すと、一時間後、再び会社に舞い戻ったんです。

そしてそこでとんでもない現場を目撃してしまって。

なんと、村上くんが、佐々木課長（四十一歳）と抱き合ってキスしてたんです。スーツ姿の男二人が、お互いの唇をむさぼるようにして……そう、私はゲイの逢い引きの現場に出くわしてしまったんです。

それはもう衝撃でした。

まあ確かに、顔も収入もまあまあのスペックを持つ課長が、四十を過ぎて独身なのを怪しむ噂は社内にちらほらあったけど、まさか村上くんがその相手だったなんて！

そのとき、なぜそんなことをしようと思い立ったのか、今では思い出せないけど、私は息をひそめながら、こっそりとそんな二人の姿をスマホで撮影していました。

それから一ヶ月ほどが経ったある土曜、急遽社内のシステムトラブルに対処するために私を含め、村上くん他数名の社員が休日出勤しました。なんとか無事事態も解決し、お昼過ぎには皆帰れることになったんだけど、そのとき私は思わず村上くんのことを呼び止めていました。

「あ、村上くん、ちょっと確認したいことがあるんだけど、いい？」

「あっ、いいですよ、主任。なんでしょう？」

「じゃあ私たちはこれで。お疲れ様でしたー」

他の皆が帰り、フロア内には私と村上くんの二人だけになりました。

実はこの前夜、私は夫と大ゲンカをしていました。原因は夫の浮気疑惑です。以前にもう何度か前科があるので、私は怒り心頭で気分は最高にムシャクシャ！　そんな最低の心的コンディションが、私をとんでもないスケベ女上司に変えていました。

「それで主任、確認したいことって……？」

「うん、ちょっとこれを見てほしいんだけど」

私はさも深刻そうな顔をしてスマホの画面を差し出すと、例の撮影した動画を彼の眼前で再生しました。

村上くんの顔は見る見る蒼白になっていき、驚愕と恐れの入り混じったような目で私のほうを見てきました。

「い、いつの間にこんなものを……⁉　こ、これを見せて僕にどうしろっていうんですか？　金ですか？　脅迫しようっていうんですか？」

震える声でそう言う彼に、私は極力やさしい口調で言いました。

「うふふ。話が早いのね。そう、私の要求に応えてくれれば、このことは絶対に秘密にしてあげるわ。でも、平社員で薄給のあなたからお金をせびろうだなんて思ってないから安心して」

「じ、じゃあ、一体何を……？」

「脱いで」

「……えっ⁉」

「今すぐここで、服を脱いで裸になって。パンツも全部よ」

ようやく彼も私の意図を察したようでした。

観念したような顔で黙々とスーツを脱ぎ始め、ボクサーショーツから足を抜くと、最後の靴下を脱いで、一糸まとわぬ全裸になり、かろうじて両手で股間を隠す格好で壁際に立ちつくし、私の顔を窺ってきました。

「ふふ、聞き分けがいいのね。そうそう、私のいうとおり、満足させてくれれば、あなたと課長のことは絶対に誰にも言わないから」

私はそう言いながら自分も服を脱ぐと、上下ブラとショーツの下着のみの姿になりました。そして彼に歩み寄ると、そのたくましい体に唇を這わせました。

「ああ、本当にすばらしい体……私ね、あなたが入社してきたときから、ずっといいなって思ってたの。あなたには申し訳ないけど、こんな形でも思いを遂げられるなんて、ほんと夢みたいだわ」

私の舌が、そのたくましい胸筋に比してアンバランスな小粒の乳首をとらえ、クリクリと舐め転がすと、「うっ……」と村上くんは声を漏らし、私の舌先でピンと固く反応させせました。

私はホッと安堵しました。だって、純粋なガチホモだったら、女になんか何されても反応しないかもしれないじゃないですか？　でも彼は、そこまではないみたいで……バイとまではいかないかもしれないけど、性感帯に対する刺激には男女問わず反応するようです。

ほら、そのまま左右の乳首を口と指で責めいじくっていると、ちゃんと下のほうも反応してきました！　さっきまでだらんとしていた（でも、十分立派な大きさの）ペニスが、グングンと固く膨張して立ち上がってきて……全長十五センチほどにフル勃起すると、引き締まったお腹に触れんばかりに垂直に反り返りました。

「ああ、すごいオチン○ン……」

私はがぜん昂ぶってきてしまい、はぁはぁと息を荒げながら舌を腹筋から下腹部へと舐め滑らせていくと、そのパンパンに膨らんだ赤黒い亀頭をパクリと咥え込み、激しくしゃぶり始めました。

亀頭の縁部分の溝をネロネロとねぶり回し、尿道口を舌先でほじくり回し、太い血管の浮き出た竿を上下に何度も何度も舐め上げ、舐め下ろし……そうやってペニス全体を濃厚に責め立てながら、同時に玉袋もしゃぶり、転がし、もてあそんで……。

「んくっ……う、ふう……」

「あはぁ……さあ、今度は私のを舐めて！　ほら、肉ビラしゃぶって！」

私がそう言ってデスクの上に上がり、自らショーツを脱ぎ去った両脚を広げてマ○コをさらすと、村上くんはさすがにちょっとイヤそうな顔をしましたが、もちろん拒否するという選択肢はありません。彼は私の股間に顔を埋めると、眉間にしわを寄せて目をつぶり、一心不乱に舌をうごめかせてマ○コをむさぼり回してきました。

その、ゲイの男性に無理やり女体奉仕させているという感覚には、えも言われぬ征服感があり、私はサディスティックな興奮を昂ぶらせていました。

「ああっ、いい、いいわ……んあっ、はぁっ！」

もうたまらなくなってきてしまった私は、彼の股間に手を伸ばすと、一旦ちょっとおとなしくなってしまったペニスを甦らせるべく激しくしごき立て、再び勢いを取り戻させていきました。

そしてそれを、濡れ蕩けたマ○コのほうにグイグイと引っぱりながら言いました。

「はぁ、はぁ、はぁ……ほら、もう入れて！　この立派なオチン○ン、私のぬれぬれマ○コに突っ込んでぇっ！」

彼が普段、「タチ」なのか「ネコ」なのか知りませんが、そのとき私の中に挿入し、ズンズンと突き貫いてきた激しいピストンは、十分立派なオスのそれでした。

「ああっ……はぁっ……あっ、あっ、あっ……んあ～～～っ！」

村上くんの太いペニスの先端は、子宮に届かんばかりの勢いで私の胎内を掘りえぐり、極上の快感を注ぎ込んできます。そして、何度かの細かなオーガズムのあとに、いよいよ最大のクライマックスが押し寄せてきました。

「……っあっ、あっ……イクッ、んあ、あああ～～～～～～～っ！」

弾けるような激しいエクスタシーの閃光の中、私はこの目で村上くんも私のお腹の上に、ビュルビュルと大量の精液を射出している様をとらえていました。

「で、課長とは本気なの？」

「はい。パートナーになりたいと思っています」

「そ、応援するわ」

私は彼をそう力づけながら、まあ当面はセックス奴隷として楽しませてもらわなきゃね、と思っていました。

せっかくの棚ぼたラッキーなのだから。ね？

■一度抜き差しを始めてしまった兄の動きは止まることなく、私を貫き続け……

許されざる禁断の関係を十五年も続ける私たち兄妹

投稿者 有村里帆（仮名）／29歳／パート

今日は、誰にも話したことのない、私のすごい秘密、お話ししようと思います。

実は私、もう十五年近くに渡って、実の兄と肉体関係を持ち続けているんです。

一番最初は私が中二の十四歳のとき。

その当時、兄は十八歳でまさに大学受験の真っ最中、志望校に行けるかどうかのまさにギリギリ崖っぷちというかんじで、ヒリヒリしっぱなしの超神経質状態。両親も腫物に触るような扱いで、家の中は毎日がいたたまれない空気でした。

そんなある日曜日、朝から両親が法事に出かけて、帰ってくる夕方まで家の中には私と兄だけということがありました。私は例によって兄には近づかないようにして、自分一人勝手に昼ごはんを食べ、自室にこもってベッドに寝そべり、ヘッドホンでお気に入りのジャニーズを聴きながらマンガを読んでいました。

ちょうどマンガのストーリーはクライマックスの盛り上がりにさしかかり、私は夢中になってのめり込んでいました。

するとそのときです。部屋のドアが開いた気配と、続いて流れ込む外気の動きを頬に感じたのは。

私はハッとして身を起こし、ドアのほうを見ようとしました。

でも一瞬遅く、私は動きを封じられ、自由を奪われてしまいました。

開いたドアのところにいたのはもちろん兄で、目にも止まらぬ速さで私の口にタオルのようなものを突っ込み声を出せないようにすると、そのまま手足を押さえ込み、全身で覆いかぶさってきたんです。

「……んんっ、んぐ、うううううっ！」

私は手足をばたつかせて、死にもの狂いで兄の体の下から逃れ出ようとしたのですが、中学・高校と足掛け六年弱に渡って陸上部でハンマー投げに打ち込んできたその肉体はあまりにも頑強で、まるで歯が立ちませんでした。私もダンス部に属してそれなりに体は動かしていて、しなやかさとプロポーションのよさには自信があったものの、力ではかないっこありません。

「はぁ、はぁ、はぁ……里帆、静かにしろ！　おとなしくすれば痛くはしないから！」

兄は声を低く抑えて耳元でそう言いながら、Tシャツ一枚しか着ていない私の胸を乱暴にまさぐり、力任せに揉みしだいてきました。私は、休日の自宅内ということですっかりリラックスしまくり、ブラをつけていなかったことを一瞬後悔しました。まあ結局、欲望丸出しの野獣と化した兄を相手に、ブラをつけていようがいまいが、あまり関係なかったかもしれませんが。

「あ、ああ、里帆……は、はぁはぁはぁ……」

ますます荒ぶる激しい息遣いとともにその愛撫の力強さは増し、まだ完全には熟しきっていない私の乳房は、押し寄せる苦痛に悲鳴をあげていました。

「……んぐっ、くううっ……うぐうぅぅ……んんんんっ！」

とうとう兄がTシャツをガバッとめくり上げて、剝き出しになった私の胸に顔を埋めむしゃぶりついてきました。

「あ、ああ……はぁ、はぁ、はぁ……あぐぅ……」

「んぐっ、うふぅ……んがっ、はぁっ、はうう……！」

さっきまでの強引な愛撫に比べ、今度の舌と唇を使っての凌辱は苦痛よりも、えも言われぬ甘い感触のほうが強くて、私はおかしくなってしまいそうでした。

あ、申し遅れましたが、この当時、私はまだ男を知らぬ処女で、オナニーこそ週イチくらいでしていたものの、実際の男と女の性に関しては無知同然……次から次へと襲い来る未知の感覚に、ただただ呑み込まれるしかなかったのです。

「はあ、はあ、はあ……里帆っ、ほらおまえのオッパイもこんなに硬くしこっちゃってるぞ！　なあ、キモチいいんだろ？」

兄はそう言いながら私の尖った乳首を舐めいじくり、その怖いくらいの快感に、私はクネクネと妖しいヘビのようにのたくり……そのうち、下腹部が熱く湿った感覚に覆われていくのがわかりました。アソコがじんじんと疼き、噴き出す肉汁でぐちゃぐちゃにぬかるんでいくようなのです。

兄は目ざとくその状態に気づき、私の短パンと下着を引きずり下ろすと、剝き出しになった股間の中心部分に手をやり、外周をグチュグチュと揉み込み、内部に指を突っ込んで搔き回してきました。

「んんんぐぅぅぅ……んふっ、ぐうっ……んぐふっ！」

「ああ、里帆っ……もうガマンできない！　お兄ちゃんの、入れるぞ！」

ああっ、さすがにそれは、それだけはだめっ！

私は心中でそう叫びましたが、もちろん兄に響くはずもなく、ついに兄のペニスが中に入ってきてしまいました。

「んぐっ！　くふ、ううっ……んんんんっ！」

激痛が全身を駆け抜け、息が止まるかと思いました。

やめて、やめて、と思いながら痛みに耐えましたが、一度抜き差しを始めてしまった兄の動きは止まることなく、私を貫き続けました。

そして、とうとう……、

「あ、ああっ……り、里帆っ……で、出るっ……うくぅっ！」

兄は私の中に自らの精を解き放ってしまったのです。

その後、私は妊娠を恐れましたが、幸いにもそれはなく、最悪の事態は免れることができました。

さて、兄は御多分に漏れず、『受験勉強のストレスと不安』が高じたあまり、妹の私を犯してしまったということのようで、このときの一回を限りに襲ってくるようなことはなく、何食わぬ顔で何ごともなかったかのようにしようとしました。

ところが、私のほうはそうはいきませんでした。

十四歳という多感な時期に、実の兄から注ぎ込まれた性の暴挙は私の心の奥のほうに拭い去れない深い傷を刻み込み……まっとうな普通の男性とのノーマルなセックスでは物足りない、異常性欲の女へと化させてしまったのです。

そう、今も兄との関係が続いているというのは、決して兄がそう望むからではなく、実は私が脅迫まがいにそう強制しているからなのです。

つい先日のパート休みの日も私は兄に連絡をとり、夫は勤めで、娘は幼稚園でいない平日の昼間、うちに来るよう言いました。兄は在宅でデイトレーダーをしているので、けっこういつでも融通が利くのです。

「なあ、里帆、俺たちそろそろ、この関係を終わりにしないか？　武司さん（夫の名前です）にも申し訳ないし、うちのやつも最近ちょっと訝しんでるみたいだし……」

家に入ってくるなり、兄がいつもの決まりきったセリフを吐き始めました。

そこで私も、いつもの決まりきった返しをしてあげます。

「最初にこれを始めたのはお兄ちゃんのほうでしょ？　私がもういいって言うまで、責任もってやり遂げるのが、男のけじめっていうものでしょ。だめよ、まだまだ許してあげない。それでもやめたいっていうのなら、お兄ちゃんが昔、中学生の私にしたことを、皆にぶちまけてやるんだから！」

「……た、たのむ、そ、それだけは……！」

自分の都合にまかせてやらかしたのを棚に上げて、保身に必死だなんて……ほんと、見下げ果てた兄です。

でも、そんな兄にしか、女として反応しない私。

ろくでもなさでは、どっちもどっちかもしれませんね。

「もう能書きはいいから、服、早く脱いだら?」

私はそう言い、自分でも服を脱いで裸になりながら、夫婦の寝室へと向かいました。

「……里帆……」

兄は情けない顔でそう言いつつも、脱いだパンツの中から現れたペニスは、すでにもう勃起していました。

もちろん、私のほうももう濡れています。

この関係に、いつ終止符が打たれるのか。

それは神様にしかわからないことかもしれません。

■ご主人は私のフィットネス水着のチャックを下げ、ポロンと出た乳房を揉み始め……

白昼のスイミングクラブで不倫エッチに溺れて！

投稿者　成田眉子（仮名）／37歳／専業主婦

目下、会社員（一流企業勤務）の夫と小学五年生の息子との三人暮らし。

日々の生活は至って平和、経済的に余裕があるのでパート勤めに出る必然性もなく、たまにエステ行ったり友人と銀座ランチする以外は、ずっと家にお籠り。ヒマな毎日を送ってるわ。ええ、本当に退屈でつまらないの……と、ついそんな愚痴をママ友の藤川さんに話すと、「ぜいたくな悩みねぇ～、私なんて週五のパート、残りの二日は家事に追われて休む間もないわ」とため息つかれた。あれ、怒らせちゃったかな？と思ったとき、「はい、これ。成田さんにあげるから使ってよ、ＡＫスイミングクラブの優待券。旦那がもらってきたんだけど、私は行けそうにないからさぁ」と、私に一枚のチケットを差し出した。「え？　いいのぉ？　もらっても？」「それ期限付きだから早めに行ってね。もしかしたら、退屈な生活から脱出できるかもよぉ？　フフフ」

最後の意味深な『フフフ』ってのは、おそらくアレのことを言ってるのね。

そこのスイミングクラブって、イケメンのインストラクターが多いらしい。この界隈の奥様たちはイケメン見たさに入会し、時には夜の運動のお相手に選ばれたりするらしいって、もっぱらの噂だ。

そういうのも悪くないわね……早くも非日常の予感がするわ。

翌日の正午過ぎ、私は早速ＡＫスイミングクラブに行ってみた。

受付で優待券を出し、女性更衣室に案内され、そこで水着に着替える。今朝購入したばかりのセパレートタイプの水着（黒地にピンクのライン入り）は、両手を上げるとお腹の部分がチラ見え、太腿の部分もショートパンツ程度の丈の短さで、まぁ露出多めのフィットネス水着といったところ。下心見え見えかしら？（笑）

シャワーを浴びてプールサイドに向かうと、軽快な音楽に合わせて若い男性がステップを踏み、プールの中にいる三十名近い会員さん（全員女性！）が、男性のフリを真似て水の中でプカプカ上下する。アクアビクスのレッスンね。

（あの男性がインストラクターか）

ちょっとガッカリ。私の好みじゃないわ、ってか、どう見ても二十代後半。

（私、年下の男って興味ないのよねぇ）

ついついブツクサ愚痴りながらプールに入っていくと、「成田さん、こんにちは！

ご無沙汰してますっ」と、端っこのレーンで水中ウォーキングしていた男性に声をかけられた。

「あ、はい、こんにちは……」と、愛想よく挨拶を返したのはいいけれど、（誰だったっけ？）すぐには思い出せない……。

「ウチのやつに聞いていて、成田さんがいらっしゃるの知っていたんですよ」

「え？　あ～！　藤川さんのご主人ですねっ。　すいません、すぐに気が付かなくて！」

思わず頭を下げると、ご主人は「いやぁ～ずいぶん会ってないですもんね。去年も一昨年も運動会やら父親参観日やら、子供の小学校の行事にほとんど顔を出してなかったから……」

「かれこれ三年ぶり……ですよね？」私はご主人の横に行って、並んで水中ウォーキングしながら頭では全然別のことを考えていた。

（このヒト……三年前までは、凄く太ってたのに……なんかいい感じに引き締まってるじゃない）しかも……いかにも運動してマッチョになりました、っていうんじゃなくて、付くべきところに筋肉が付き、余分な贅肉は美しく削ぎ落とされてる……。

他愛もない話しをしながら、私の目はご主人の肉体に釘付けになっていた。

「お、もうこんな時間か。今日は二時から仕事なんです」ご主人はレストラン勤務だ。スイミングクラブには平日の午前中に来ているのだとさっき言ってた。ご主人は「じゃあ、どうも」と会釈をして、プールから出ていった。プールサイドを歩いていく、その後ろ姿の腰とお尻のラインがこれまた私好み！

　私はご主人の後を追って小走りした。

「藤川さん！」シャワー室に消えたその姿にほんの一瞬ためらったものの、シャッとカーテンを開け、「あの……その太腿ちょっと触らせてもらってもいいですか？」「え、あの……」ご主人がためらうのも無視して私はシャワー室に乱入し、今度は勢いよくカーテンを閉めた。そしてひざまずき、ご主人の太腿に胸ごと抱きつく。

「な、成田さん⁉　ちょっと、なにを……」怯んだ声で私を一瞥するご主人。でも私は構わずその太腿とお尻を撫で回した。照れ隠しに「私、筋肉フェチなんです……だからちょっとだけ触らせて」「だ、だめですよ、成田さん、こんなこと、こんなところで……誰かに気づかれたらどうするんです？」でも、だめと言いながら、その太腿は反応していて時折ピクピクし、「んあ、ハァハァ……」と、息が荒くなってゆく。見ると股間がこんもり膨れているじゃないの！　思わずそこにも手を触れて撫で上げてみる。

「うう～～～おお、おお……」ご主人の喘ぎ声と共にアソコが更に固くなる。そのとき、シャワー室の向こうに足音が聞こえてきて、私は瞬間的にシャワーのレバーをひねってお湯を出した。

シャーーーーーーーーー……。

これで大丈夫。多少の声は掻き消されるわね、さっ！　きつそうな競泳水着の中でうごめいている、その物体を解放してあげましょう。私が引き下ろすと、ブルンッと小気味よく中から飛び出た三本目の足。

（なんて固くて大きいの！）黒光りするイチモツに感動すら覚える。鋭い反り返りの角度もたまらない……私好みだわ～！

私は触れるよりも先にしゃぶりつく。クッチャクッチャ、ネッチャネッチャと卑猥な音をわざとたてて舐め上げると、ご主人は「くはぁ～……」と身悶えた。

「成田さんのも、触らせて……」ご主人は私のフィットネス水着のチャックを下ろし、ポロンと出た乳房を鷲摑みし、両手で揉み始める。「んんん～～～」亀頭を咥えていた唇を離し、私は自ら下の水着を脱いで、「ここに入れて……」と懇願した。ご主人は私のお尻を抱きかかえ、ムニュ～とイチモツを一気に割れ目に突き刺してきた。

「んんん～～～あああ～～～～～～～～～！」

シャーーーーーーーーーー。

強めのシャワー音に私の喘ぎ声は掻き消される。

たいして前戯もしていないのに、私のアソコはもうグチョグチョで、容易くご主人のモノを一番奥まで招き入れることができた。

立ったまんまの姿勢で、私たちは互いの性器を押し付け合い、舌をからませ合う。

ママ友の夫とこんな狭い場所でセックスしてる……しかもこんなまっ昼間に！

刺激的な興奮材料が幾つも重なったことで快感は倍増し、私は更に大胆になる。片足を上げ、ご主人の腰にからませると、

「ああ～～、いいよ……成田さんのおマ○コ……狭くて温かいよぉ～」

「藤川さんのおチン○ンもいいですぅ～～アア……すごくフィットしてるぅ……」

「ここ、いいの？」

「ええ……もっと突いて……もっと……」

「こんな感じ？」ズグン、ズグンと、ご主人は力の限りに突いてきて、

「あああ～～～いいいい～～～そこ～～そこぉ～～～」

ズグン、ズグン、ズグン、ズグン……！

「ああ、いいよ……イク……イキそうだよ……」

「わ、私もイク……ウゥゥゥゥ〜〜〜！」

「ウォ〜〜〜〜〜〜〜〜〜〜！」

シャーーーーーーーーーーーーーーーーーーーーーーーーーー……。

プールのほうからJポップに合わせた号令が聞こえる。若いインストラクターの声だ。私とご主人は、しばらくの間シャワーのお湯を浴びながら、抱き合ったままでいた。私の股間から白い液が太腿をトロトロと伝い落ちてゆく。

「すいません……中で出してしまいました」

「三日前に生理終わったばかりだから大丈夫……」

ご主人のイチモツはまだ私から離れようとしない。

「だったら……もう一回、お願いします」

「私も……もう一回イキたいわ」

それを合図にご主人のモノは徐々に固さを取り戻し、私の中で激しく動き始めた。

「ああ、いいわ……もっと、もっと……」

これは病みつきになりそう！　こんなに感じるセックスしたことないわ！

言うまでもなく、その日の帰りに正式に入会手続きをとった私なのでありました。

■私の口からペニスを抜いたK教頭は、AVまんまの要領で私の顔面目がけて……

肉奴隷となった女教師の淫らすぎる学校性活のすべて

投稿者 和田夏花（仮名）／31歳／教師

私は中学校で英語を教えています。夫も同じく数学の教師で別の中学で教鞭をとっている、よくいる教員夫婦です。

ただ、私自身は「よくいる」とはとてもいえない、学校生活……いえ、学校『性活』を送らされている、特殊な女教師なのです。

ことの始まりは、同僚の女教師が学校を辞めることになり、その送別会が行われた夜のことでした。平穏に一次会が終わり、彼女とまあまあ仲のよかった私は、当然、三分の一ほどに面子の減った二次会にも参加したのですが、その流れからなんと……酔った勢いもあって……若い体育教師のSに誘われるままにホテルへ行き、肉体関係を持ってしまったのです。

そのとき、夫のちょっとした浮気疑惑があって（結局、濡れ衣だったのですが）気持ちが不安定だった私。そんな隙をまんまと突かれてしまったのでしょう、Sは言葉巧みに私を誘惑し、彼がまあまあのイケメンだったこともあり、私はカラダを許してしまい……そのまだ二十代の有り余る体力と精力に溢れたセックスは、それはもう気持ちよかったですが、ことが終わり酔いも興奮も醒めると、私は深い自己嫌悪とともにいたく後悔しました。

「Sくん、今日のことは忘れてね。私、どうかしてたわ」

帰り支度をしながらそう言って釘を刺そうとしたのですが、彼の返事は、

「和田先生、そりゃないなあ。あんなにヨガリ狂ってたくせに。ほら、見てくださいよ、この動画。すてきに淫乱に撮れてるでしょう?」

というもので、いつの間に撮ったのか、私が激しく胸を揺らしながら彼の上で腰を振る痴態を、スマホの画面で見せてきたのです。

「ね? こんなものもしネットに流されたりしたら困るでしょ? そうされたくなかったら、これからも仲良くしましょうよ。もちろん、僕が好きなとき、好きな場所で、先生に拒否権はナシってことで、ね?」

こうしてその日から私の、Sの欲望のままに従わざるを得ない、肉奴隷教師としての日々が始まったのです。

その奉仕の時と場所は、もっぱら昼間の学校でした。そうでないと、私の帰宅が遅

くなったりして夫に勘ぐられ、先々プレイしにくくなることを危惧したのでしょう。ときにトイレで、ときに体育用具倉庫で、ときに宿直用仮眠室で……お互いの授業や会議の合間を縫って、私は呼び出され、肉体奉仕を強制されました。

ひどいときなど、

「五分しかないんだ。ほら、さっさとしゃぶってヌいてくださいよ」

授業の合間のインターバル時間に男子トイレに呼び出された私は、中の個室の一つに連れ込まれ、慌ただしく生徒や教職員が用足しに出入りする状況の中で口唇奉仕させられました。彼が個室のドアを背にして立ち、私はその前、閉じた便座の蓋の上に座って、目の前にさらけ出されたペニスを咥えるのです。

「今、ションベンしたばっかであんまりキレイに振ってないから、ちょっと臭うかもしんないけど、きれいにしゃぶってくださいね」

そう言われ、私はそのとおり、まだ少し残った尿滓の嫌悪感に顔をしかめながらも、舌先で丁寧に鈴口のあたりをほじくり舐め、亀頭全体を大きく咥え込みながら喉奥まで呑み込むのです。

んじゅぶ、ぬぶ、ぐじゅぶ、じゅぶぶ……。

「ああ、いい、いいよ……んっ、ん、くふぅ……」

じゅぶ、じゅぶ、じゅぶ、ぬぶ、うぶ、ぐぷぷぷ……。

「あ、あう……で、でる……んぐっ！」

私の口内でパンパンに膨張したSの亀頭が弾け、大量の精液が喉奥に流れ込んできました。私は必死でそれを飲み下すしかありません。吐き出したりすれば、Sの不興を買ってしまうからです。

「ふ〜〜っ、よかった。お疲れ様です、和田先生！」

Sはそう言うとさっさと去っていき、そのあと私は辺りを窺いながら、誰にも見つからないようこっそりと男子トイレを出ていくのです。

つい先週など、こんなことがありました。

例によって、お昼休み時間中にSに呼び出されて、窓をカーテンで閉め切られた薄暗い視聴覚室に行くと、そこで待っていたのは彼だけではありませんでした。

なんと教頭のK（四十五歳）まで一緒に私を待ちかまえ、その目を欲望でギラつかせていたのです。

「ふふふ……Sくん、本当にいいのかい？　こんなイイことに私まで混ぜてもらっちゃって。そりゃもう和田先生は、顔もカラダもうちの学校イチの女先生だから、私としては願ったりかなったりだけど……くくく」

髪の薄くなった頭をかがめながら私に近づき、ベロベロと唇を舐め回してきます。

「もちろんですよ。和田先生は僕の肉奴隷なんです。なんでもいうこと聞くんです。ほら先生、教頭先生のチ〇ポをしゃぶって差し上げなさい」

「は、はい……」

私は言われたとおり仕方なくK教頭の前にひざまずきズボンとパンツを下ろすと、先走る興奮にもう七割がた勃起しているペニスを咥え、フェラチオを始めました。

「お、おおっ……和田先生にしゃぶってもらえるなんて……サ、サイコーだっ！」

K教頭は上ずった声でそうヨがりながら、ますますペニスを固く大きくみなぎらせていきました。するとそこへSが近づいてきて私の背後にしゃがみ込むと、私のブラウスの前をはだけブラも剝ぎ取って、剝き出しにされた乳房をいじくってきました。

「ほら先生、このほうが先生も昂ぶるでしょ？　自分もヨがりながら頭振って、もっともっと教頭先生のこと感じさせてあげなよ。ほら、ほら！」

Sに乳房の柔肉を揉みしだかれながら乳首をこね回されると、快感の疼きがズキズキと上半身を襲ってきました。

「……っはっ、はぁっ……んあぁぁっ……！」

私はSの思惑のままに昂ぶり、その勢いをもってK教頭のペニスを一段と激しくむさぼりたてて……。

「く、くはっ……す、すごいよ、和田先生！　フェラ気持ちよすぎるっ！　あ、ああ……あ、ううっ……！」

おもむろに私の口からペニスを抜いたK教頭は、AVまんまの要領で私の顔面目がけて生臭い精液をほとばしらせました。ネットリとした濃厚な粘着のおかげで目が開けられません。

「ああ、和田先生にガンシャ（顔射）できるなんて……マジ、最高だ……」

恍惚の声を漏らすK教頭の耳にすかさずSが唇を寄せ、囁きました。

「じゃあ教頭先生、少し休んだあと、今度はいよいよ和田先生のマ○コを味わってくださいよ。それまでに僕がいいかんじにほぐしておきますから」

「ん？　……お、おお、頼むよ、Sくん。さすがの私も出してすぐには無理だ」

「はい、了解しましたー！」

Sはそのままバックから私に挿入してきて、そのカリ太のペニスでガツガツと恥肉を掘削してきました。悔しいけど、もうすっかりその淫力に馴らされてしまった私の肉体はまたたく間に反応し、背をのけ反らせながら恥も外聞もなく悶えまくっていました。

「あひ、あ、ああ、ああん……はっ、はぁぁ……あひぃ！」

「お、おお、よし、私ももういけるぞ……和田先生のマ○コに入れさせてくれ！」

回復なったK教頭が再び参入してきて、Sは身をどけるとうやうやしく交代して私の身を差し出しました。背後から違う感触の肉感が入り込んできて、

「ほら、和田先生、教頭先生のチ○ポだよ！　もっと腰振って締め付けて！」

「あっ、あん、あん、あん、ああっ……！」

「うお、おお、お……わ、和田先生～～～っ！」

こうして、私とSとK教頭と……三人がくんずほぐれつからみ合い、交わり合っていて……精液が飛び交い、愛液ほとばしる乱交の末に、気がつくと昼休み時間は終わろうとしていました。

「Sくん、とってもよかったよ。君のことは悪いようにはしないからね」

とK教頭が言い、どうやら私はまんまとSの出世の道具に利用されたようです。

でも、決してそれを恨んでいるわけではありません。

この特殊で特別な快感に満ちた『学校性活』を、けっこう愉しんでいる、女教師の自分がいるからです。

■私は無我夢中で彼のモノを舐めしゃぶり、彼のほうも私の溢れる愛液を啜り上げ……

貧乳の私のことを好きだと言ってくれた彼との純愛不倫

投稿者　黒木真矢（仮名）／26歳／書店員

私ってば、顔は決して悪いほうじゃないと思うんだけど、カラダのほうには全然自信がなくて。一五二センチと背も低い上に痩せっぽちで貧弱気味……特にバストは八十センチなんて全然！　七十ちょっとしかない、俗にいう『貧乳』『ペチャパイ』っていうやつで、それもあってか昔から異性からモテたためしがありません。

そんな私でも好きだと言ってくれた上司（勤めている書店の店長です）と結婚したわけですが、まあ彼のほうもお世辞にもイケてる男性とはいえず、でも身の丈に合った相手かなと思い、それなりに結婚生活には満足しているつもりです。

でも、そんな日々があるとき一変したんです。

忙しい土曜の昼時に私は売り場のレジに入っていたのですが、そこで接客した一人の男性からこっそりと手紙を渡されました。彼は週に二度は来てくれるいわば常連さんで、いつもセンスのいい文芸作品を買っていってくれます。私好みのインテリ系イケメンというかんじで、正直ずっといいなあって思っていたんですが、まさかそんな彼から手紙をもらうとは……！　私は直後の休憩時間に胸をドキドキさせながら手紙を読みました。

するとその内容は……、

『あなたのことが好きです。一度二人だけで会ってくれませんか？　指輪をしてらっしゃるから結婚されているだろうことは百も承知ですが、この想いを黙っているなんて耐えられなかったんです。お願いです！』

という、今どき珍しいストレートな、でもある意味奥ゆかしいものでした。

人妻として、最初は倫理的に葛藤した私でしたが、でも結局、一度会ってみようと決めました。会って話すくらいなら不倫にはならない……そう、自分を納得させて。

それから三日後、次に彼を接客したとき、私は用意していた手紙をこっそり手渡しました。一瞬、彼と秘めやかなアイコンを交わしながら。

私が書いた返事はこうでした。

『私も一度お話ししたいです。もしよかったら今日このあと、七時にカフェ○○でお会いしましょう。如何ですか？』

店長である夫はその日、東京の本社での店長会議に出席していて、ちょうど不在でした。帰ってくるのは明日です。それもあって、私はそんなアプローチに打って出たのです。ひょっとしたら今日、彼と……？

午後七時に仕事を上がり、ドキドキしながら例のカフェに行くと、彼は待っていてくれました。ほっと安心すると同時に、急に夫に対する罪悪感が膨らんできました。でも、今さら引き返すわけにはいきません。私は強い気持ちで彼の対面の席に座り、正面から向き合いました。

それから色々話しましたが、彼は私の想像どおりの男性でした。

知的でやさしくて、かっこよくて。

あっという間に恋に落ちてしまいました。

そして、彼に抱かれたいと強く、強く願いました。

彼も同じ気持ちのようでした。

以心伝心。

私たちはどちらからともなく席を立ち、カフェを出ました。

彼について歩いていくと、行き先は案の定、ホテルでした。

最後にもう一度、お互いの意思を確認しましたが、双方に揺るぎはなく、私たちはチェックインしました。もう後戻りはできません。

部屋に入り、お互い順番にシャワーを浴びて汗を流したあと、私は裸にバスローブをまとった格好で、おずおずと彼に言いました。

「あのね、私、自分の体に全然自信がないの。特に胸なんか……」

するとと彼は、それを打ち消すように、

「それがいいんだ。この際、語弊を承知ではっきり言うね。僕、きみみたいな貧乳の女性が大好きなんだ！　ほんとだよ。奥ゆかしくて品があって……だからこそ心からセクシーだと思ってるんだ。巨乳なんてクソくらえだよ！」

と言うと、私のバスローブをはだけて抱きしめてきました。

そしてやさしく愛おしむようなキスをしたあと、私の裸の胸に唇を寄せてきました。

チュッチュ、チュッと小鳥がついばむかのような軽いタッチで、緩い乳房の曲線に沿って触れ、徐々に乳首のほうに近づいてきます。

「あ、あん……ん、んふ、う……」

その心地よい感触に、思わず軽い喘ぎが唇からこぼれてしまいます。

「ああ、とってもかわいいよ、このさくらんぼ……ンチュ……」

彼の唇がとうとう私の乳首をとらえ、軽く吸いいじったあと、舌先でコロコロと転がし責めてきました。

「はひっ、ひ、んあっ……あん、あん……」

甘くせつない疼きが体中に広がっていき、どんどんたまらない気持ちになっていってしまいます。私はもうじっとしていることができず、思わず彼の股間に手を伸ばし、そこで熱く息づいている昴ぶりに触れていました。驚くことに、すでにもう十分すぎるほどに固くいきり立ち、真っ赤に充血した亀頭部分はパンパンに膨張し、今にも弾け飛ばんばかりでした。

「あ、ああ……おねがい、これ、舐めさせてっ……」

私がそう懇願すると、彼は体勢を変えて、私たちはお互いの股間に顔を突っ込んだシックスナインの格好になりました。そして私は無我夢中で彼のモノを舐めしゃぶり、彼のほうもジュルジュルと私の溢れる愛液を啜り上げながら、これでもかと激しくむさぼってくれました。

「あ、はあ、ああ……も、もうだめ……ガマンできない！　入れて……オチン◯ン、私のオマ◯コの奥まで突っ込んでぇっ！」

感極まった私は、これまで一度も言ったことのないはしたない言葉を吐き、彼の挿入を求めていました。

「ああ、もちろん入れるとも……奥の奥まで、ね……」

そう言うと、彼は腰の位置を合わせ、太い肉の幹を私の中に突き入れてきました。ズブズブと力強い肉感が私の肉溝の中を圧迫し、グチャグチャに掻き回してきます。

「あ、ああ！　あん、いいっ……いいの、感じる〜〜〜っ！」

私は喜悦のあまり、彼の腰に両脚を巻きつけてギュウギュウと締めつけながら、もっと奥へ奥へと呑み込んでいきました。

「ああ、もう僕もイキそうだ……はぁっ……」

「いっしょに……っ、いっしょにイってぇっ……！」

次の瞬間、私は彼の盛大な射精をお腹の上で感じながら、オーガズムに達していました。正直、こんなに気持ちいいの、夫とのセックスでは一度もありません。

「できれば、また、会ってくれますか？」

別れ際、彼はそう言いましたが、私は明確には答えられませんでした。

不倫は不倫、許されないこと……私の中の貞操観念が邪魔しているようです。

でも、私の魅力を全面的に認め、愛してくれる彼のことが私だってとっても大好き！

いずれまた愛し合うときがやってくることでしょう。

第二章

妖しく咲き蕩ける昼顔

■私は店長の太くて長い竿を上下に何度も何度も舐め上げ、舐め下ろし……

勤め先の店長からの借金を肉体ローンで返済する私

投稿者 桐村塔子（仮名）／29歳／パート

　私が惣菜売り場で、出来上がった商品の陳列をしていると、背後から誰かが近づいてくる気配がした。相手が誰かは、もうその気配でわかるようになっている。

「桐村さん。このあと、お昼の書き入れ時が落ち着いた十四時から、いいね？」

「はい、わかりました」

　私の返事を聞くと、栗田店長（四十一歳）は機嫌よさげな軽やかな足どりで、店奥にある両開きドアを抜けて、その先の店長室へと向かっていった。

　私はその後ろ姿を見送ると、晴れ晴れとした高揚感とともに、否定しがたい飢えたような肉体の疼きが、身中にじわじわと広がっていくのを感じていた。

　支払いは、いよいよ今日で最後だ。

　一回につき一万円分ずつ全十回、店長から借りた十万円を完済する日。

　ただし、その支払いはお金ではなく、私のカラダだった。

夫との関係の不和が原因で、そのストレスからパチンコにはまってしまった私は、負けが込んだ挙句カードの限度額いっぱいにお金を借りてしまい、にっちもさっちもいかなくなった時点で、やむにやまれず栗田店長にお金の無心の相談をしてしまったのだ。もちろん、前々から店長が私のことを憎からず思っていて、おそらくいうことを聞いてくれるだろうという思惑のもと。

案の定、店長は二つ返事でＯＫしてくれたのだが、その貸し付け条件が、一回につき一万円分ずつ計十回、私の肉体で返済していくというものだったのだ。

さあ、今日で最後だ……私は、これで借金から解放されるという感慨を抱きつつも、先述したとおり、そんな気持ちとは真逆ともいえる、店長との関係に対する狂おしいような飢餓感に苛まれていた。

十四時になり、私は言われたとおりに店長室へと向かい、そのドアをノックした。するとすぐに扉が開き、私は室内に引き込まれ、カチャリと内鍵がロックされた。

そして店長は、そのまま私の背をドアに押しつける格好で体をきつく密着させると、いきなりキスしてきた。私の唇を激しく吸い、舐め回しむさぼると、その長く分厚い舌をぐいぐいと口中に押し込んできて、歯茎から口蓋から、口内の隅々まで舌を這いのたくらせてくる。

「んあっ……は、はぁっ……んぐふぅ……」

思わずこぼれてしまった私の喘ぎを聞くと、その口内愛戯はますます激しさを増してくる。にゅるにゅるジュプリととらえられた私の舌が、ジュルジュル、グプグプと吸われ、たまらず大量の唾液が湧き出してしまう。そしてそれが店長の唾液といやらしく混ざり合って、堰を切ったように口内から溢れしたたって……無理に上向かされた私の顎から喉元へと流れ、鎖骨の窪みに溜まっていく。

「はぁ、はぁ、はぁ……桐村さん、今日で最後だなんて、すごく名残惜しいよ。きみのこのエロいカラダがもう抱けなくなるなんて、淋しいなあ。くそ、今日はとことん楽しませてもらうからね」

望むところだ。

私は思った。

正直、最初こそ抵抗があったこの店長との関係だが、夫婦間の不和からの長いセックスレス状態ゆえの肉体的欲求不満が溜まっていたのであろう、いつしか自分からその逢瀬を待ち望むようになってしまったのだ。

おまけに店長は、モノも立派な上にかなりの性的テクニシャンだった。最初の一回目の逢瀬で私の性感のツボを的確に把握すると、そこを中心に巧みに責め、可愛がってくれて……その気持ちよさたるや、もう夫などの比ではなかった。

私たちは情欲と気の急くままに、お互いの服を脱がし合いながら、来客用長ソファのほうへと移動していった。二人とも衣服を最後の一枚まで脱ぎ終わると、いつもはまず私が彼のモノをたっぷりとフェラするところを、今日は即シックスナインの体勢へとなだれ込んでいった。ソファ上に仰向けに寝そべった私の上に、店長の股間が覆いかぶさってくる。それはとっくにもう勃起状態で、先端から滲み出した先走り液が室内の明かりでキラキラと輝いている。

「ああ、大好きな店長のチ○ポ……！」

私は感極まった思いでそう口走ると、少し顔を起こしてむしゃぶりついていた。大きな亀頭を含んでジュブジュブと吸い、舐め回し、太くて長い竿を上下に何度も何度も舐め上げ、舐め下ろし……もちろん、そのパンパンに膨らんだ睾丸も頬張り、口内で激しくしゃぶり転がして。

「ん、んんっ……いいっ、桐村さんっ……！」

そう喘ぎながら、店長も私のアソコを思う存分、可愛がってくれた。ぷっくりと腫れ上がった肉豆を吸い上げ、舐めこね回し、しとどに濡れ乱れた何層もの肉の花びらを掻き回し、えぐりむさぼって……。

「んあっ、はがっ……はひぃ！　くはぁ……あっ、はぁああっ……」

いつもにも増して濃密な快感が襲いかかり、私は店長の肉棒を咥えたまま、あられもなく悶え乱れてしまう。

もう、入れてほしくて、入れてほしくてしょうがない。

私はニュポン！　と口から肉棒を離すと、なかば悲鳴のような甲高い声で叫び、乞うていた。

「ああん、店長！　ちょうだい！　店長のこの太くて硬いオチ○ポ、私のマ○コに思いっきり深く突っ込んでぇっ！」

「ああ、桐村さん……入れるよっ……！」

「き、きてぇぇぇぇっ！」

店長は私を後ろ向かせてソファの背に両手をつかせると、バックからその太くて長くて硬い肉棒を深々と挿入してきた。

「あっ、ああ、あひ……す、すごいぃ……店長、いい～～～～！」

「ああ、桐村さんのマ○コも最高だ！　すごい締め付けでニュルニュルからみついてくるよぉっ！」

そう声を荒げながら、店長のピストンは速く荒々しくなっていき、それに激しく揺さぶられながら、私の性感も怖いくらいにまで高まっていった。

「あっ、あっ……も、もうダメ、い、いく～～～～っ！」

「ああ……ぼ、僕も……出すよ～～～～っ！」

次の瞬間、私のアソコで激しい炸裂を感じ、続いてドクドクと熱い流入感が。

「あ、あ、あ、んぐぅ……んっ、くふぅ～～～～～～……」

私も達し、それはもう最高のオーガズムだった。

「はい、じゃあ、長い間ご苦労様でした。これでもう借金分は完済だよ。これからはもう、僕に付き合わなくていいからね」

栗田店長からそう言われた私に、安堵や解放感のようなものはなかった。

その代わりに、こう思っていた。

店長、もう一回頼んだら、お金貸してくれるかしら。

今度は二十万くらい、借りちゃおうかな？

■痴漢はさらに大胆になり、ストッキングと下着をこじ開けて手を滑り込ませ……

すし詰めのエレベーターの中で痴漢の指になぶられて

投稿者　田坂ハル（仮名）／26歳／OL

この間の休日、夫と二人でデパートに買い物に出かけました。

お昼過ぎに行って、最上階のレストラン街でおいしいランチを食べ、そのあとお互いに興味のあるものをあれこれと見て回り、それぞれの欲しいものを買って……夫婦でのお出かけはかなり久しぶりだったので、それはもう楽しいひと時でした。

そう、まさかあんなことが起こるまでは……。

それは三時半頃のことでした。

デパートでの用事を一通り済ませ、じゃあぼちぼち帰るかということになり、私たちは八階から下りのエレベーターに乗り込みました。私たちと同じような考えの人が多いのか、エレベーターは満員で、かなりのギュウ詰め状態でした。まあ、窮屈だけどしょうがないかとあきらめ、七階、六階……と降りていくに従い、乗降客の出入りが繰り返されるうちに、私と夫はいつの間にか一番奥の壁に押しつけられるような状態になっていました。立錐の余地もない中で気軽にしゃべるわけにもいかず、私たちはお互いに苦笑を交わし合うぐらいしかできませんでした。

と、そのときでした。

エレベーターが激しくガクンと揺れたかと思うと、急に止まってしまったのは。すぐさまアナウンスがあり、電気系統のトラブルで復旧まで十分はかかりそうとのことでした。ちょうど階と階の狭間の位置らしく、降りるわけにもいかずどうしようもありません。

「まいったなあ……まあ、しばらくの辛抱だ」

「うん、そうね。しょうがないもんね」

私と夫は小声で会話を交わし、他の大勢の乗客と同じように居心地悪そうにその場に立ち尽くすしかありませんでした。

でも、そのとき、次なる異変が私を襲ったんです。

壁に背を押しつけた格好の私の右側のほう、夫とは反対側のほうのお尻にモゾモゾとまさぐられるような感触を覚えていました。

（えっ、な、何これ……？）

最初は、何しろすし詰め状態なわけですから、隣り合わせた人の手が偶然触れてしまっている、いわば不可抗力的なものだろうと思ったのですが、ちがいました。明らかに明確な意思を持って、私のスカートをめくり上げてストッキングと下着越しに尻肉を揉み込んできていることが、いやでもわかりました。

（う、うそ！　まさかこんなところで、痴漢……⁉）

そおっと横目で自分の右側のほうを窺うと、小柄で人の好さそうなおじさんがいました。パッと見はとても痴漢をするようなかんじには思えませんが、周囲の位置状況から考えて、この人しかいません。

（あああ……ど、どうしよう……）

すぐに夫に訴えればいいものを、いざそう声に出して行動を起こそうとすると、どうしてもできませんでした。この、まわりに他の大勢の乗客がいるという状況が、私を羞恥と恐れでがんじがらめにしてしまったんです。

（あ、ああ……あなた、助けて……）

心の中では必死に助けを求めているのに、実際にはただ黙ってじっと痴漢にされるがまま……そんな私の様子を見切って、気をよくしたのでしょう。痴漢はさらに大胆になり、ストッキングと下着をこじ開けて手を滑り込ませ、直接尻肉に指先をめり込ませるとムニュムニュと臀部を揉み込んできました。

（あ、ああ……やめてぇっ……！）

私は顔に汗をかかないタチですが、服を着て見えない部分はもうイヤな脂汗でびっしょりと濡れていました。すると、お尻にもじっとりと滲んだその脂汗を潤滑油にするようにして、ヌルリと痴漢の指先がお尻の割れ目に滑り込み、アナルのほうに触れてきました。

「……ひゃっ……」

「なんだ、どうした？」

思わず声が出てしまった私に対して夫が呼びかけてきましたが、やはり、ちゃんと答えることはできませんでした。

「う、ううん……なんでもないの。ごめんね、驚かせて」

そのやりとりを窺いながら、痴漢がほくそ笑んでいるだろうことがいやでもわかりました。痴漢行為のお墨付きをもらったとでも思っていることでしょう。

痴漢の指が、私のアナルをさんざん揉みたてもてあそんだあと、そのまま股下を滑るようにして前方に向かい……とうとうオマ〇コに触れてきました。

（あ、ああ……そ、そこだけは……だ、だめ……）

痴漢の指がより深い部分へと至ってしまったことによって、皮肉にもますます私は声をあげられない状況になってしまいました。もしここで声をあげても、きっと夫は、本当にいやならもっと早い段階で言えよ、と思うことでしょう。そして同じく周りの乗客たちも……。

はぁ、はぁ、はぁ、はぁ……。

すぐ右側から私のすぐ耳際で、低く抑えてはいるものの、まちがいなく荒く弾んだ痴漢の息遣いが聞こえてきました。そしてそれと同時に、痴漢の指のうごめきが大きく激しくなってきました。グニュグニュと押しつぶすようにクリトリスがこね回され、肉ビラを掻き乱すように秘裂の内部をえぐり掘られて、否応もなく私のそこは肉汁をしたたらせてしまいます。感じてなんかいないはずなのに……でも、この声を出したくても出せない、訴えたくても訴えられない、そんな手も足も出ない状況が肉体に度を超えた緊張を強いて、それが逆に常軌を逸した鋭敏な感度をもたらしてしまっているのだと思います。

(あ……ん、んん……あ、だ、だめ……そんなに奥のほうを引っ掻き回されたら……あ、ああ、だめ……い、いっちゃう……)

足がプルプルと小刻みに震えてきて、もう立っていられないほどになり、私は夫のほうにしなだれかかるようにせざるを得ませんでした。

「おい、本当に大丈夫か？」

「う、うん……」

　そのとき、ようやく修理完了のアナウンスがあり、ガクンと振動があったあと、エレベーターが下降を始めました。

「おいおい、やっとかよ。まいったよなあ、まったく」

　夫の言葉に、私も辛うじて力のない微笑みで返し、各階で乗客が降りていく様子を脱力した状態で見やっていました。

　そして一階に着いたとき、例の痴漢がそそくさと降りていったのですが、その一瞬、私のほうを見て、ニヤリとなんともいいようのない淫猥な笑みを浮かべ、自分の指をしゃぶって見せたのです。きっと、私の肉汁にまみれた指に違いありません。

　私はそのとき、嫌悪感を覚えるより、不覚にも淫らな高揚感を覚え、アソコをズキンと疼かせてしまったのでした。

■私は二人のペニスに手を伸ばし、亀頭をしっかりと握り込むと、夢中でしごいて……

マンション3P理事会の禁断快感にハマって！

投稿者 南川真緒（仮名）／33歳／専業主婦

今年、住んでいるマンションの理事をやることになりました。

理事会は全六人で構成されていてその一人になったわけですが、めんどくさいけど、働いているわけでも子供がいるわけでもない、専業主婦の私としては断る理由が見つからず、仕方なくってかんじです。

住民総会は二ヶ月に一度、六人の理事による定例理事会は月二回行われるということで、まず私は最初の定例理事会に出席しました。水曜の夜七時から、会場はマンション内にあるコミュニティルーム（小）でした。

理事に選出された先の総会のとき、他の理事会メンバーとも顔合わせしましたが、とても緊張していたものであまり覚えておらず、あらためてちゃんとお互いを認識するのはこれが初めてみたいなものです。

六十歳すぎの理事長を筆頭に、四十代の男性が三人、私の他にあと一人の三十代後半の女性が一人という顔ぶれでした。今年で二期目の理事長が今後の活動方針を一通り説明し、それぞれの役割分担を決めると、あとはまあ最初ということでお互いに自己紹介し挨拶を交わし、三十分ほどでお開きになりました。

そのとき、とりあえず肩の荷が下りた思いで帰ろうとする私に、四十代の男性理事二人が声をかけてきました。

「あの、もしよかったら親睦会ということで、これから軽く飲みませんか？」

「他の方にも声をかけたんですけど、皆さんこのあとお忙しいらしくて……」

一人は佐竹さんといい、職業は銀行員。もう一人の大島さんはフィットネスジムのインストラクターをしているとのことでした。二人とも人当たりのよさそうな好印象の男性でした。

とはいうものの、女は私一人で、ほぼ初対面の二人の男性とお酒を飲むなんていいのかな、と躊躇したのですが、元々お酒が好きなところへ、今日は夫が残業で帰りが十二時近くになるということもあって、ちょっとだけならいいかなと、せっかくのお誘いを受けることにしたんです。

でも、向こうもそれなりに気をつかってくれて、周囲の目もあるだろうから外のお店に飲みにいくのはやめて、お酒やつまみを買い出ししてきた上で、このコミュニティルームを会場にしようということになりました。ここは十一時頃まで使わせてもらえるということでした。

それじゃあ早速ということで、私を部屋に残し、男性二人が買い出しに出かけてくれて、約十五分後、近所のコンビニで仕入れた缶ビール数本とつまみ類を手に戻ってきました。私のお金は受け取ってくれませんでした。

そして八時すぎくらいから、理事三人でのお近づきのプチ親睦会が始まりました。佐竹さんと大島さんの話はとても面白く、楽しく盛り上がりながら私はついつい、グイグイとビールを呷ってしまいました。でも、お酒の強さには自信があるので酔いつぶれるような心配はありません。

ただ、実は私にはちょっとした悪癖があって……アルコールが回ってテンションが上がってくると、ついついスキンシップ過多になり、周囲にいる誰彼かまわずベタベタと触ってしまうんです。一応このときは状況も考えて、精いっぱいその悪癖を自制しようと努めたんですが……だめでした。

私はキャイキャイと歓声をあげながら、会議用長机の隣りに座って飲んでいる佐竹さんの肩をバシバシと叩き、時には肩に手を回し、さらには太腿をはたいたりして、どんどん悪癖をエスカレートさせていってしまったんです。

私にそうされて、向こうが迷惑そうにしてくれれば、私もまだ自分でブレーキがかけられるのですが、それが佐竹さんたらまんざらでもなさそうにニヤニヤして。

するると、対面で飲んでいた大島さんの目つきも変わってきました。こちらに舐めるような視線を送りながら席を立って、楽し気にベタベタと盛り上がる私たちのほうに回り込んでくると、佐竹さんとは反対側に私を挟む格好で座りました。

「でね、そのとき、その奥さんときたら………」

「そうそう、ありゃちょっと見ものだったよなー！」

「えーっ！　ちょっとやだー、それマジですかー？　キャハハハッ！」

私は二人のチョー笑えるマンションとんでも話に夢中で盛り上がりながら、体を左右に振るようにして、バシバシベタベタと彼らにさわりまくって……。

ふと気づくと、二人の顔が左右両方からすぐ近くまで迫ってきていました。

「えっ……あの、で、そのあとその人、どうなったん……？」

「うん？　まあもういいじゃないの、そんなバカ女の話……」

「そうそう、せっかくなんだから、もっと楽しくお近づきになろうよ……」

二人の目の色はもう完全に変わり、血走ってギラつくような光を湛えています。そして左右から同時に、私の耳朶からうなじにかけてに唇をつけ、舌を這わせて舐め上げてきたんです。思わずゾクゾクとした戦慄が走ります。

「あ、あの……な、何を……？」

私の頭はかろうじてまだ冷静で、そんないさめるような言葉を発しましたが、正直、カラダのほうはもう蕩けかかっていました。二人はそうやって舌を使いながら、同時に仲良く分け合うように私の左右の乳房を服の上からまさぐり、揉み回してきて、ますます私の性感は甘く高揚してしまっていたんです。

「……あ、あふ……んあっ、ダメ……こんなの……」

それでもまだ最後の抵抗というかんじで、非難めいたことを言ったものの、

「ダメなのはそっちだよ。俺らにさんざんボディタッチしてその気にさせちゃったのはアナタなんだから」

と、軽くいなされると、あれよあれよという間に服を脱がされ、ブラもパンティも剝ぎ取られて全裸にされてしまいました。

「やあ……ん、恥ずかしい……」

「大丈夫、大丈夫。俺らも脱ぐから、な？」

「はいはい、みんないっしょだから平気だよ～ん」

調子よくそんなことを言いながら二人も服を脱ぎ、煌々と明かりに照らされた整然

としたコミュニティルームの中、私たちはそろって全裸になってしまい……佐竹さんも年齢のわりには引き締まった体をしていましたが、なんといってもフィットネス・インストラクターの大島さんの肉体はすばらしすぎました。無駄のいっさいないその美しく鍛え上げられた筋肉は、見ているだけで思わずアソコが濡れちゃいそうなフェロモンをビンビンに発してて……お恥ずかしい話、私はもうすっかり淫乱人妻モードに切り替わっちゃっていました。

そんな大島さんに軽々と持ち上げられた私は、長机の上に仰向けに横たえられ、そこに獲物に群がる蟻のように二人が覆いかぶさってきました。

佐竹さんが私の乳房を揉みしだきながら、乳首を吸い、ベロベロと舐め回してきます。ものすごく感じて、自分でも痛いくらいに乳首が固く突っ張ってしまっているのがわかりました。ズキズキと疼いて、みなぎる快感で今にも先端が爆発しちゃうんじゃないかと思ってしまうほどです。

そして同時に、大島さんが私の両脚を左右に大きく広げると、その真ん中に顔を埋めて、もうすっかりぬかるんでしまっている肉溝の中をえぐり回すように、グチュグチュ、ジュプジュプと舐めむさぼってきて……。

「んあっ！　はぁ、はぁ、はぁ……ああん、いいっ！　感じちゃうぅ！　ああん！」

もう私ときたら、臆面もなく喜悦の喘ぎが止まりません。

そして同時に、もうじっとしてられなくて、両脇の目線の高さで勃起した姿をさらしている二人のペニスに手を伸ばし、亀頭をしっかりと握り込むと、夢中でしごいてしまっていました。熱くて硬くて太い二本の肉棒が、シュッシュッと上下に擦られるたびに、ズキン、ズキンと力強く脈動するようです。

「お、おおう……た、たまんねぇ……」

「ああ、いい、いいよ、奥さんの手コキ……」

「んくぅ……も、もうダメ！　限界！　俺、入れるっ！」

そう言い、いきなり大島さんが長机の上に上がると、私の体を起こして四つん這いにさせ、背後から尻肉をがっしりと摑んできました。そして、いきり立った肉棒をバックから挿入してきて……！

「あっ、ああっ……あ、あひっ…………ん、んぐぅっ！」

「んくぅっ……お、俺も頼むよおっ！」

なんと佐竹さんも、辛抱たまらんというかんじで長机の上に上がると、前から私の口に自分の肉棒を突っ込んできました。そして激しく腰を前後に動かして私の喉奥を犯してきます。

前と後ろから同時に……まさに串刺し状態です。

そうやって前後から咥え込んで、突き抜かれ、揺さぶられて……十分ほどが経った頃でしょうか。

「うう……く、くぅ……イ、イクッ！」

大島さんがそう一声発すると、背後から私の胎内に熱い奔流をぶちまけてきました。

と同時に、佐竹さんもブルブルッと体を震わせると、

「ああっ、お、俺もっ……！」

そう呻いて、私の口内に大量の放出を……！

「あっ……あ、はぁ〜〜〜〜〜〜っ！」

そして、私もとんでもなく感じてイキ果ててしまいました。

この日以来、すっかり3Pの快感にハマってしまった私たちは、理事会の二回に一回は密かにコミュニティルームに居残って、楽しんでいるというわけなんです。

■キモチはまだイヤなのに、ゾクゾクと甘い戦慄が走り、股間が熱くうるんできて……

農家の嫁の私を見舞った隣人からの快感レイプ体験

投稿者 坂本香澄（仮名）／24歳／専業主婦

人生って、ほんとわからないものです。

つい半年前まで東京の商社でバリバリOLやってた私が、今や田舎の農家に嫁入りして、専業主婦してるなんて……自分でも思いもよらない展開です。とにかく仕事が楽しくて一生懸命で、結婚なんて三十超えるまでしないなんて思ってたんですよ。

でもある週末、ふと温泉に行きたいと思いつき、ふらりと一泊二日の予定で一人旅に出たのが運命の分かれ道。その旅の途中に体調を崩し、ちょうど通りかかった今の夫（二十八歳）に助けられ、そのやさしさと頼もしさにズキュンとやられて一目ぼれ！　あれよあれよという間に結婚、そして私は仕事を辞めて東京を離れ、夫と姑が住む（舅は二年前に亡くなっています）田舎のこの家に嫁いできたという次第です。

もちろん、うちの両親も最初は面食らっていましたが、昔から一度言いだしたらきかない私のこと、すぐにあきらめてあれこれと準備し、送り出してくれました。まあ結果、夫とはラブラブだし、姑もやさしく大事にしてくれるしで、とても幸せな結婚生活を送っています……と、言いたいところですが！

ついこの間、都会なら絶対にありえない、田舎ならではのとんでもない目にあってしまったんです。

その日、お昼ごはんを食べたあと、夫と姑が二十キロ離れた町まで、農作業に必要な備品類を買い出しするため車で出かけていきました。基本、私はふだん農作業には関わらずもっぱら家事担当なので、そっちのことはチンプンカンプン。なんの役にも立たないので、二人が帰ってくるまでの三時間ほどの間、家でお留守番です。

炊事や洗濯、掃除などのルーティーンの家事を手早く済ませたあと、お茶を啜りながらテレビのワイドショーを見ていたのですが、うつらうつら……いつの間にかうたた寝してしまっていたようで、私はハッと、すごい圧迫感を感じて目を覚ましました。

そして驚愕しました。

なんと、畳の上に寝そべった私の上に、見知らぬ太った男が覆いかぶさっていたんです！　……い、いや、見知らぬ相手じゃありません。

たしか、一キロ離れたところに住む（それでもいちばん近い隣家の）斉藤さん？

結婚式のとき、紹介された記憶がありました。独身の四十男でスキンヘッド、お笑い芸人のハリウッドなんとかを思い出させる、そのインパクトのある風貌はいやでも印象に残っていました。

いやいや、ちょっと待って！　問題は相手が誰かよりも、なぜその斉藤さんが私の上に覆いかぶさっているのかです。

「ちょ、ちょっと、何してるんですか⁉　やめて！　やめてください！　いやっ、いやだってばーっ！」

私は必死でもがいて叫び、なんとかして斉藤さんを自分の上から振り落とそうとしましたが、小柄な私に対して優に八十キロはあるであろうその体はビクともしませんでした。そして私の抵抗にまったく怯むことなく、顔全体を舐め回すような気色悪さで、ベチョベチョ、ベロベロと唇をむさぼり、舌を吸ってきたんです。

「んぐっ、うぶふ……んんっ、ぐふぅ、んんん〜〜〜〜っ！」

「ぶはぁっ！　ああ、やっぱり都会から来た若妻のツバは甘くて美味いなぁ……なんかイチゴキャンディみたいな味がするよ……んじゅぶっ、じゅぶじゅぶっ……」

「ん、んんん、うぬぶぅ……」

斉藤さんはキモすぎる意味不明のことを口走りながら、なおも私の口唇をむさぼり続け、その煙草臭く生臭い口臭にさらされているうちに、私はどんどん気分が悪くなってきてしまいました。

それでも、なんとか気力を振り絞って声をぶつけました。

「や、やめてくださいっ！　大声出しますよっ！」

「ふふ、そんなのとっくにさんざん出してるじゃないの？　でも、誰も来やしないだろ？　そりゃそうだ、この家の半径一キロ四方には誰も住んでなくて、いちばん近いご近所がオレなんだから」

言われたとおりの事実を痛感し、思わず絶望感に襲われました。

「ははあ、それにしても今日はツイてたなあ。獲れたてのトウモロコシのおすそ分けにやってきてみたら、憧れのあんたがひとり、無防備で寝てるんだもの。もう、結婚式で見てからずっと、あんたのことが頭から離れなくて……毎日あんたのことオカズに、二、三回オナニーしてるんだよ。ほら、今も感じるだろ？　オレのギンギンになっちゃってるコレ……」

確かにそう言われてみると、その脂肪でぷにょぷにょした全身の肉感の中で唯一、固く大きくしこった感触が、私の下腹部のあたりをゴリゴリと削っていました。

「ああ、おねがい、やめて……」

私は今や完全に相手のよこしまな意図を知り、それから逃れようのないあきらめに襲われながらも、震える声で精いっぱい抵抗しましたが、もちろんムダでした。斉藤さんは上体を起こして私のお腹の上に馬乗りの格好になると、服をむしり取り始めました。あっという間にブラも剝ぎ取られて、乳房が露わになりました。

「ああ、やっぱ都会の女の胸は白くてきれいだなあ……この辺の農作業で真っ黒に日焼けした女連中とは大違いだ。色っぽくてたまんねえっ！」

興奮した口調で言うと乳房にむしゃぶりつき、そのごつくて太い指で胸肉を揉み回しながら、乳首を舐め吸ってきました。かさついた分厚い唇が私の敏感な乳頭を乱暴に擦りたて、そのヒリヒリするような痛みに私は悶絶していました。

「あぁっ……いっ、痛いっ……んあっ、くっ……うぅん！」

「大丈夫、大丈夫……これからい～っぱい気持ちよくしてやるからよお！　どれ、それじゃあいよいよ都会の女のオマ〇コ、拝ましてもらおうかな」

すっかりもがき疲れてぐったりしてしまった私の上から降りると、斉藤さんはズルズルと私のジーンズを脱がし、パンティを剝ぎ取りました。そして私の太腿裏を持って左右に大きく広げると、しげしげと露わになった股間を覗き込んできて。

「おや？　意外と黒いんだなあ。もっとピンク色かと思ってたんだが……こりゃやっぱあれかな、大気汚染？　うわはははっ！」

斉藤さんはアタマの悪いジョークを言いながら、鼻づらを私の股間の柔肉に突っ込んできました。クリを舐め転がし、ヒダヒダを吸いしゃぶってきます。それをしつこく何度も繰り返されているうちに、私のカラダも反応してきてしまいました。キモチはまだイヤなのに、ゾクゾクと甘い戦慄が走り、股間が熱くうるんできてしまうのが自分でもわかりました。正直、まだまだ新婚の私はヤりたい盛りで、カラダのほうは常日頃から臨戦態勢なのかもしれません。

「ほらほら、すごいグチョグチョに濡れてきた！　んじゅ、じゅぶ、ぬじゅぷ……あ、ねっとり甘くてうまいっ！」

「ああっ、はひっ……ひあぁ、あ、あああ……」

「くううっ、もうたまんねっ！　入れるっ！」

思わず私がこぼしてしまった甘い喘ぎ声に即レスするように、斉藤さんは息せき切って服を脱いで素っ裸になると、その怖いくらいにいきり立った男根を振り立て、私のすっかりぬかるみきった肉ヒダを押し開きながら挿入してきました。ズブズブ、ヌチュヌチュと、固くて太くて熱い塊が胎内を満たしてきます。

「……っあ、ああ、んあああぁっ……」

「う、ううくぅ……き、きつい、締まるぅ……さすが若妻だあっ！」

その腰のグラインドはどんどん速く激しくなり、パンパンパンパンパンパン！　と斉藤さんの肉が私の肉にぶつかる打擲音も大きくなっていきます。

そのうち、私の中にクライマックスが迫ってきました。

「あっ……あ、も、もう……イキそう……っ」

「ああ、イク？　イクのか？　……オ、オレもっ……いっしょにっ……」

「ああん、ああっ、あ、ああ……イ……イク〜〜〜〜〜〜ッ！」

「んくぅ、んっ……ううっ！」

双方、ほぼ同じタイミングでフィニッシュを迎えていました。

最初はいきなりのレイプ状態だった私と斉藤さんの関係性も、今やなんとなくイケナイ共犯関係。斉藤さん相手に結局ガンイキしてしまったことを、夫に対して後ろめたく思う自分がいました。

「これからも、いいご近所づきあいしようね」

そう言って、斉藤さんは手を振りながら帰っていきました。

この田舎暮らし、これからまだまだ楽しくなりそうです。

■私はガツガツと肉をむさぼる犬のように、彼のペニスを舐めしゃぶり、吸って……

女社長のガス抜きは部下とのマル秘社長室エッチ

投稿者　豊田亜由美（仮名）／41歳／会社経営

父が病気で亡くなり、一人娘として今の食品加工会社の社長を引き継ぎ、もう三年になる。母は元々表だってあれこれやるような人ではなかったので、やむなく私が女社長として背負うしかなかったのだ。ほんとは娘婿である夫がやってくれればいいのだけど、妻である私の目から見ても、もうどうにも頼りない。今のまま、専務取締役として私のサポートをしてもらうのが精いっぱいだろうし、昔からの取引先からしても、父直系の私が社長のほうが何かと都合がいいようで、結局この経営体制が一番いいということだろう。

でもやっぱり、全従業員百五十人と、いわばその家族の生活まで背負って会社を切り盛りする苦労とプレッシャーは並大抵じゃない。何かガス抜きする手段がないと、とてもじゃないけどやってられない。とはいうものの、商談や会議、出張など、日々一分一秒を争うスケジュールに追われている状況で、そのためにまとまった時間をとるなんて不可能だ。

だから私は、日々の一分一秒の隙間を大事にする。

その日も、大口の取引先であるスーパーマーケット・チェーンの新任仕入れ担当者からの挨拶の訪問&軽いMTGを終え、思ったよりも早く彼を社長室から送り出せたあと、次の予定まで二十分弱時間が空くことになった。

それだけあれば十分楽しめる。

「あ、私よ。今から来れる？」

私は内線電話で中岡を呼んだ。すぐ来るという。

去年中途採用で入った、総務部所属の二十七歳の男性社員だ。

三十秒もかからず彼はやってきて、社長室に入ると後ろ手にドアをロックし、スーツの上着のボタンを外しながら流れるような動作で私のほうに近づいてくる。一分の無駄もなく、手慣れたものだ。

そして上着を椅子の背もたれにかけ、訊いてくる。

「今日はどっちでいきますか？」

「責めて」

「了解です」

私の返事にそう応えると、彼はネクタイを外してワイシャツを脱ぎ、上半身裸の格好になって社長机の縁に軽く腰かけ、低い声で言った。

「舐めろ、メス犬」

そう言われた瞬間、私の全身をゾクゾクするような甘い戦慄が走り、一気にM女モードに切り替わってしまう。

「は、はい……ご主人様……」

私は軽く息を荒げながら、自分も服を脱ぎ始めると、ブラを取って上半身裸、そして下半身はパンティとガーターベルトだけという姿になって彼に歩み寄り、その体に取りついた。

そして、その鍛えられ引き締まった細マッチョな胸筋に舌を這わせ、ベロベロと小粒な乳首を舐め始める。

「ああ、おっぱい、おいしい……」

「ほら、手が遊んでるぞ。自分でいじれ」

うっとりと舌を使う私に対して彼の鋭い声が飛び、私は慌てて自分の胸に右手をやり、乳房を揉みながら同時に乳首もいじくった。

「ばか、両方ともだ。両手でそのバカでかい胸いじくりながら、舐めろ」

「は、はい……」

私は言われたとおり、少し背をかがめて両手で自分の左右の乳房を揉みしだき、乳首をこね回しながら、首を伸ばして彼の乳首から脇の下、そしてシックスパックに割れた腹筋まで、無我夢中で舐めしゃぶり、その若い肉体の野性的なテイストを味わいむさぼった。まるで自分が淫らな首振り人形になったような気がする。

「はぁ、はぁ、はぁ、はぁ……あ、ああん……もうがまんできない……おちん○ん……おちん○んなめたい！　おねがいです、ご主人様の立派なおちん○ん、なめさせてください……」

私は昂ぶりまくった好色なテンションのまま、恥も外聞もなくそう懇願してしまう。自分の乳首が痛いくらいに尖ってしまっているのがわかる。実際には出るわけもないが、パンパンにみなぎった淫乳が今にもその先端から噴き出してしまうんじゃないかと思うくらい、性感がほとばしっていた。

「……ったく、どうしようもない淫乱メス犬だな」

中岡は吐き捨てるようにそう言うと、顎を振って股間をさらすことを認め、私はお預けを解かれた飢えた犬のように、息せき切ってズボンとボクサーショーツを引きずり下ろした。

ブンッ！　と、まるで空を切る音が聞こえるかと思うくらいの勢いで、見事なまでに勃起したペニスが振り上がった。

目をギラつかせて即座にむしゃぶりつこうとする私に対して、彼は、

「手を使うなよ。それこそ犬みたいにな」

と言い、私はそのとおりに、ガツガツと無心で肉をむさぼる犬のように首だけを使い、彼のペニスを舐めしゃぶり、吸い、頬張った。その先端から滲み出した生臭く透明な肉汁が私の舌に触れ、えも言われぬ陶酔に襲われた。私は思わず、パンティの中に手を突っ込み、そのグチョグチョに濡れただれた股間を掻きむしっていた。そうしながらさらにペニスを味わい、私は内腿を自らの淫汁が伝いしたたり落ちていくのを感じつつ、いよいよ頂点に向けて高まっていく。

「……っはぁっ、はぁ、ああ……お、おねがいです、ご主人様、この立派なおちん◯ん、私のみにくいおま◯こにください！　奥の奥まで突っ込んで、めちゃくちゃに犯してくださいっ……！」

あられもない懇願の叫びを喉からほとばしらせながら、私はすがるような上目遣いの視線で中岡の顔を見上げた。

彼はちらりと脇の時計に目をやると、軽く頷いて言った。

「あと五分。死ぬ気で腰振れよ」

そして私を立たせると後ろを向かせ、社長机の縁に両手をつかせ、ガーターベルトはそのままでパンティを膝あたりのところまでずり下げた。濡れ蕩けたおま○こが空気に触れ、熱く開いた秘肉がひんやりする。

そこへ、彼が背後からグイッと私の豊満な尻肉を摑んできた。

続いてその中心、ひくつく肉穴を太く硬いペニスが穿ってきて……。

「……はぁっ、あ、ああ、んあっ……！」

何層もの肉ひだが押しめくられ、裂きひしゃげられ、その奥の肉洞をグイグイと貫き、えぐりたててきた。

私はそのあまりの快感に背をのけ反らせて悶え、自らも中岡の抽送のリズムに合わせて、腰を前後に激しく振りたてた。そして吠えた。

「ひいっ……ああ、あっ！　んああっ、はぁっ……くはぁぁっ！」

「はぁ、はぁ、はぁ……あと、一分……！」

彼のさりげない残り時間報告を受け、私はフィニッシュ態勢に入った。

「はぁ……あ、ああ、きて……ああ、ああん！」

「くふっ、うう……しゃ、社長、イキますっ！」

「あっ、ああ……あああ～～～～～～～ん！」

いよいよ迫りくるクライマックスを前に、もはやお互いの奴隷とご主人様という役割分担など吹き飛び、私たちは一心不乱に腰を振り、肉をぶつけ合い……最後、私は背後から注ぎ込まれる中岡の激しい濁流を受け入れながら、絶頂の陶酔へと昇り詰めていった。

そしてタイムリミット。

彼は持ち場へ戻り、私は備え付けのクローゼットから一式新品の服を取り出し着替えると、手早く髪を整えてメイクを直し、次の予定に向けて行動を開始した。

中岡は元々はプライベートの出会い系で知り合ったセフレだったのだが、あまりにも気に入ってしまったため、無理やり私のガス抜き担当として自社に就職させたのだ。

ほんと、今日もいい仕事してくれたわ。

すっきり爽快、これでこのあとの仕事も頑張れるっていうもの。

さて、次は立場逆転で楽しませてもらおうかしら。

■私たちは湖にこだましそうなほどのあられもない喘ぎ声をあげ、同時に体を震わせ……

野外での写真撮影から大胆アオカンHになだれ込んで！

投稿者 高杉真佐美（仮名）／30歳／OL

同期が次々と寿退社して会社からいなくなった昨今、一人残ったアラサー独身女の私。一年前までは半同棲してた男がいたけど、ギャンブル好き、お酒好き、もひとつおまけに女好きという三拍子揃ったダメンズで、到底結婚まで発展するわけもなくあっけなく別れた。以来ず～っと一人でいるんだけど、全然寂しくもなんともない！　いや、ほんとに。負け惜しみじゃなくってさ。

っていうのも最近、カメラにハマってててね。もちろん、本格的な一眼レフカメラよ。休日は神社仏閣や観光スポットを巡って写真撮影するのが楽しくってしょうがない。だからまぁ、今はカメラが恋人、といったところかしら？　真面目な話。

「さぁて。そろそろ出かけようかな♪」

週末。シリアルとコーヒーで簡単に朝食を済ませ、身支度を整え、リュック背負って私はアパートを出る。昨夜のうちに決めておいた本日の撮影場所は、徒歩十五分先の湖公園。湖にはコブハクチョウだの、シラサギだの、カルガモだのが生息している し、水辺の森には季節の花や木々が色とりどりに咲いている、絶好の撮影スポットだ。一ヶ月前に一度来たんだけど、あいにくの雷雨に見舞われて撮影もそこそこに帰ってきた。だから今日はリベンジってわけ。

湖公園に着くと、思ったより人がいない。そのお陰で水面には優雅に泳ぐたくさんの水鳥の姿。「よ〜し、いい写真撮るわよ〜〜！」と腕が鳴る。リュックから一眼レフカメラを取り出し、さっそくパシャパシャ撮り始めた……そのとき。

「今日は撮影日和だよね」と、いきなり話しかけられ顔を上げると、長身の若い男性がそこにいた。大学生くらいだろうか？

「すいません、僕と同じカメラボディなんでつい話しかけてしまった」

「あ、ホントだ、でもレンズは私のより高級ね」

「はは……バイト代注ぎ込んで買っちゃった、F値二・八の広角レンズ！」

「いいなぁ〜、私はキット買いだったからF値四・〇よぉ〜」

などと、私も向こうに負けじといっぱしの口をきいてみる。

「でも、今日みたいに晴れてたらF値は左右されないよ。それより、水辺の鳥はこんな感じで撮るといいよ」そう言う彼にカメラの液晶モニターを見せてもらうと、そこには可愛らしいカルガモの親子の画が映し出されていた。

「凄い、鳥たちの羽の一本一本まで解像してる。水面に映った鳥の影も歪んでないわ」

「風が止んで波がないときを狙って写すんだよ、低いカメラポジションで狙って水鳥を背景から浮かび上がらせるんだ」

「なるほどね、鳥の目線の高さで撮ると自然な表情になるのね！」

「あ、俺、洋平」

「私は真佐美よ」

カメラが趣味という共通点だけで永遠におしゃべりできそうなまでに意気投合！

私たちは傍にあったベンチに腰かけ、互いに撮りためた写真を見せ合った……といっても私のほうの写真はすぐに尽きてしまったけど。洋平のカメラの液晶モニターに映し出される画像は延々と続く。

「すごい〜、これも……わぁ、これも綺麗〜〜！　え、あっ……⁉」

鳥や小動物、風景だけかと思ったら、突然上半身裸の女の子の写真が出てきて一瞬ビビった。

「あ、ヌードも……撮るのね？」

「その子だけさ。カノジョが写してって言うから。ヤベ……削除し忘れてたわ」

「カノジョいるんだ。可愛い子だね」

「それが……ついこの間、別れた。ってかフラれた」

うな垂れて、でも決して落ち込んでるって感じじゃなく、照れくさそうに洋平は呟いた。

「俺、カメラが恋人だから案外平気なんだわ。いやホント、負け惜しみでもなんでもなく」

「うんうん、わかるぅ～私も同じよ」後に続く言葉は省略。

そう、ここにいるのは男と女。

「私を撮ってよ」

「もちろん」

私はヨットパーカーのチャックを下ろし前を開けた。「これも取ったほうがいいかしら?」ブラジャーに手をかけたとき、洋平が私を抱きしめ唇を重ねてきた。胸をまさぐりブラジャーから乳房を摑み出す。

「あ……んんん……」私は思わず身をよじった。

「おっぱい、白くて大きくて肉まんみたいで俺好み～」

私の首筋を這っていた洋平の舌が乳首をとらえ、ペロンペロンと舐める。自然と私たちはベンチに横たわる格好に……。太陽の光が凄くまぶしい！

　大きくてしなやかな洋平の指が私の綿パンのジッパーを下ろし、パンティをずらして秘所に触れてきた。

「公園の森林より、ここ……深く茂ってるね」

　ハァハァと洋平の息が荒くなる。その指は更にしなやかに私の奥のほうへ進んでくる。クリちゃんの先っぽをなでなでし、指は更に奥へと掻き分け入ってくる。

「んんん～洋平……いいわ……」

「湖より深いじゃん、この穴の中……ハァハァ……」

　私の、まるでチューリップのような蕾がパッコリ開いて、クッチョクッチョと卑猥な音を立ててる。洋平は息を荒げながら、ジーパンとトランクスをずらし、そそり立つ大きなキノコを私の股間に埋めた。もちろん私のパンティを足首から剝ぎ取ったあとで……この状況を、誰かに盗み見されるかもしれないというのに、私も洋平もまるでケダモノのように密着した体を激しくしごきまくった。いや、むしろこのシチュエーションに余計感じちゃうのかもしれない……アオカンって初めてだけど、サイコ～だわ！

　洋平も興奮しているようで、チュパチュパと乳首を吸い上げながら激しくピストン運動を繰り返す。まるで野生動物のように野蛮な動きだ。私の淫靡な蜜はとめどなく溢れ出してしまう。

「ああ、やっぱ自分の指でしごくより膣の中がいいな……ハァハァ……」

「私も……一年ぶりよ……しかも、こんな固いの初めて……ハァハァ……ねぇフェラチオさせて……」

「む、無理……このまま真佐美さんの中で……イ、イカせ……て……」

パンパンパンパンパンパンパンパン！

「い、いいよ……私も……イキそうだから……あ、ああ、あああ〜〜〜」

「おおおおおおお〜〜〜〜〜〜〜〜〜」

「いい……アアアアアア〜〜〜〜〜〜〜！」

「イクイク……イクよぉ〜〜〜〜」

「来て来て……私もぉ〜〜〜〜〜」

私たちは湖にこだましそうなほどのあられもない喘ぎ声をあげ、同時にガクガクと体を震わせ二人同時に絶頂に達した。

そそくさと下着を身に着けたとき、（いくらなんでも大胆過ぎた？）とちょっと思ったけど、アオカンに後悔なしっ！　こんな快感めったに味わえないもの〜！

「ねぇ真佐美さん。さっきフェラチオしてくれるって……」

照れくさそうに洋平が言う。

「いいわよ、今すぐにでも、って言いたいところだけど……ねぇ、これからウチに来ない？　私のヌードも撮ってもらいたいしさ」

「え？　いいの？　俺も真佐美さんを撮りたいなって、おっぱい見たときから思ってたんだ」

アオカンもいいけど、やっぱりセックスはベッドの上でじっくり、よね。

若い男のエキスをたっぷり味わいたいわ～！

■大の男に母乳を吸われていると、これまで感じたことのない、えも言われぬ快感が……

わが子が眠るすぐ横で元カレとのHに乱れ狂うインラン母

投稿者　立花佳奈（仮名）／23歳／専業主婦

あたしときたら、しくじっちゃいました。

安全日だから大丈夫だろうとたかをくくってたら、まんまと大当たりしちゃって、めでたくご懐妊！　二十二歳という若さでデキちゃった婚するはめになっちゃったんです。まあダンナは五才年上の、そこそこいい会社に勤めてる相手なので生活は安泰、あたしは一歳の娘の子育てをしながら、悠々自適の専業主婦ライフを送ればいいっていう、傍から見ればうらやましいともいえる境遇なんだけど……ただ、とにかくもうヒマすぎる！　つまんない！

ほら、ダンナもなまじいい会社に勤めてるもんだから、仕事が忙しすぎて毎日毎日、深夜まで残業、帰ってきても疲れ果ててバタンキュー！　おかげでせっかくの休みの日も寝てばっかで、あたしの相手をしてくれるどころじゃないのよね～。

というわけで、旅行や遊びに出かけられないウップンもそうなんだけど、あたしの一番の不満はズバリ、セックスレスで欲求不満なことなんです！

だから、とうとうこの間、けっこうイケナイことしちゃいました。

結婚する前に一年ほどつきあってた元カレの遼介に電話して、うちまで来させちゃったんです。

「遼介たすけて～！　ヒマすぎて死んじゃいそうだよ～っ！」

って。もちろん向こうも、あたしが結婚して子供もいることを知ってるから、

「おいおい、いいのか、そんなことして？　ダンナに悪いだろ？」

って、一応常識があるっぽいこと言ったんだけど、

「いいのいいの！　とにかくあたし、遼介の太いチ○ポが欲しくてしょうがないの～！　ね、お願いだから、いっぱいオマ○コして～っ！」

あたしがフェロモン炸裂のインラン声でそうおねだりしたら、あっさり陥落！　チ○ポおっ立てて駆けつけてくれたってわけ。もともとあたしら、カラダの相性バッグンだったからね。向こうのあまりの浮気ぐせのひどさに、あたしのほうから愛想つかしたって経緯だったから、遼介からしたら乞われれば願ったりかなったりってところなわけよ、じっさい。

そんで、これからすぐ行くって言って、彼がうちにやってきたのはお昼の二時すぎ

頃だった。娘がオッパイ飲んで寝たばっかりっていう、まさにドンピシャのグッドタイミングだったわ。これで娘は、最低二時間はちょっとやそっとじゃ起きないんです。

「お～っ、佳奈、久しぶり～！　三年ぶりかあ？　会いたかったぜ～」

「はいはい。もとはといえば、あたしたちが別れた原因はあんたでしょ？　……まあいいわ、とにかくあたしも、あんたの人間性はともかく、そのチ○ポは大スキだったから……あ～ん、会いたかったわ～！」

あたしはエロエロに弾む声でそう言い、リビングに敷いたマットレスの上で彼の抱擁を待ちかまえ、倒れ込みながらしっかりと受け止めました。でも、

「で、でもさあ、隣りに赤ちゃん寝てるけど、だ、大丈夫なのか？　起きない？」

心配顔でそう訊いてくる彼に、あたしは、

「大丈夫、大丈夫！　うちの娘、大物なの。お腹いっぱいで、あと二時間はどんなにヨがり狂って叫ぼうが、起きやしないわ。気にしない、気にしない」

と答え、自ら服を脱ぎ始めました。

「そ、そうか？　……なら、お言葉に甘えて」

そう言うと、遼介もようやく安心したように服を脱いで。

そして、裸になったあたしを見て、驚いたように言いました。

「おおっ、佳奈、おまえ、オッパイ大きくなってないか？」

「そりゃあ、今まさに母乳で子育て中だからね。ミルクタンクはいつでも満タンで、たっぷんたっぷん……大きくもなっちゃうわよ」

「ぼ、母乳かあ……」

「なに、あんたも飲みたいの？」

あたしがからかうように言うと、なんと遼介ったら、

「う、うん……飲みたい、母乳……」

ゴクリと生唾を飲み込むと、真剣な顔でそう言いました。

あたしは急に彼のことが可愛くなっちゃって、

「いいよ、飲んでも。吸えば簡単に出ると思うよ。はい、どうぞ」

と言いながら、まん丸い乳房を彼の目の前に突きつけてやりました。

彼はすぐさまあたしの乳房にむしゃぶりつくと、肉房を揉みたてながら乳首をチュウチュウと吸ってきました。すると、すぐに母乳の流入があったようで、

「んぐっ、んぐっ……んっ、んっ、んんっ……」

息つく暇もなく、無我夢中で飲み込み続けました。

すると、あたしの中に意外な感覚が生まれてきました。

娘に吸われているときは、わが子に対する愛しさしか感じず、むしろ心が落ち着いていくのが、大の男に吸われていると。これまで感じたことのない、えも言われぬ快感が生まれてきちゃって……ダンナにはこんなことされたことがないので、それはとっても新鮮なエクスタシーで……。

「あっ、あ、ああ……いい、いいわ……こんなの初めてっ……んんっ！」

自分でもびっくりするくらい甘くヨがってしまい、同時にアソコがどっと濡れてきてしまいました。もうマットレスをはしたなく濡らしちゃってます。

「ああ、佳奈……おっぱい、美味しいよ……んんっ、んぐ……」

まだ夢中で母乳を吸い続けている遼介ですが、そのチ○ポはすでにもうギンギンに勃起して……あたしはもうどうにもガマンできなくて、

「ああっ、もうだめ……おかしくなっちゃう！　ねえ遼介、早くその固くておっきいチ○ポ、このグチャグチャのマ○コに入れてぇっ！」

そう叫ぶと、乳首を吸わせたまま、彼の勃起チ○ポを鷲掴んで引っ張り、自分のマ○コの中に導き入れました。張り詰めた大きなカリが濡れた肉ひだに引っかかり、抜き差しするたびに、激しくエロく掻き乱してきて……！

「あっ、ああっ！　んはっ……いいっ、いいの……サ、サイコー！」

「んぐっ、ん、ん、んんっ……んふぅ……」

遼介の必死の母乳吸いが次から次へと新たな快感をもたらしていって、あたしは胸元に彼の頭をきつく押さえつけまま、狂ったように腰を振ってヨがり狂っていました。

「ああ、はあっ、ああ……めちゃくちゃいいっ！　んはぁっ！」

「んぐ、んぐ、んぐ、んんん……ん、んぐふぅ……！」

遼介の声音もいよいよ切羽詰まったものに変わり、お互いのクライマックスがほぼ同時に押し寄せてきて……っ！

「あ、ああ、あひ……あ、ああ～～～～～～～～～～～～～～っ！」

「ぶはっ、あ……出る……う、イク～～～～～～～～～～～～っ！」

「ん、んぎゃ、おぎゃあぁ～～～～～～～～～～～～～っ！」

なんと、あたしたちの絶頂の悲鳴のあまりの激しさに、まだ絶対に起きないはずの娘まで目を覚まし、火がついたように泣き出してしまいました。

いや～、こんな淫乱なお母さんで本当にごめんね。

■私は愛液の飛沫がモニターに振りかからんばかりの勢いで股間を掻きむしり……

リモート相互オナニー見せ合いプレイで昇天！

投稿者　平山奈々緒（仮名）／34歳／パート

私の誰にも言えないヒミツのお楽しみの話、聞いてください。

私、人並にエッチは好きで、夫ともコンスタントに週イチで営んでいますが、本当に好きなのはオナニーなんです。

ただし、エッチな妄想やおかずなんかを使って一人でやる普通のやつじゃダメで……男性と二人でお互いのオナニーを見せ合う露出プレイじゃないと満足できないっていう、世話の焼ける性的嗜好なんですね、これが。

でも、何かと大変な今のご時世、そう簡単に誰かと直接会って、まともなことならまだいざ知らず、そんなよからぬことをするわけにもいきません。

そこで私が見つけた、今ドキのヒミツの手法が『リモート相互見せ合いオナニー』なんです。うふ。

今、仕事の打ち合わせや会議なんかでも、ＺＯＯＭなどを用いてのリモートでのやりとりが当たり前になっていますが、私、いろいろとネット上をさまよってリサーチしているうちに、私のよからぬ目的にぴったりの特別なリモート用サービスを見つけちゃったんです。

それは、そのものズバリ、私みたいな趣味の人間のために特化した、相互見せ合いオナニーをリモートでやる目的のサイトで、料金は一時間千円で都度クレジットカード払い、プライバシー厳守のために自動的にお互いの顔にモザイクがかかって顔バレしないという優れものでした。利用者が、自分のプロフィールと相手側に求める（おもに肉体的な）好みを登録し、希望のプレイ時間帯を申請するとサイト側がマッチングしてくれるんです。あと、けっこうな引きの画角仕様になっていて、自分のPCからあまり離れなくても、お互いの全体的痴態がモニター上で見れるっていうのもポイント高いですね。

このサービスを使って、子供が学校に行っているパート休みの昼間なんかに、月二、三回の頻度で、どこかの誰かと相互見せ合いオナニープレイを楽しんでいるというわけですが、つい先週のこと、まだ十代だという若い大学生とのお手合わせがとにかくよかった！

予定のプレイ開始時間になり、私は下はパンティ一枚、上は薄手の白いシャツを羽織っただけというエッチな軽装でPCのモニター前に座りました。そしてログインしてパスワードを打ち込むなどの一連の手順を踏むと、画面が切り替わり、本日のお相手とのモザイク越しの顔合わせとなりました。

「あ、こんにちは」

「こんにちは。今日はよろしくお願いします」

「はい、こ、こちらこそ」

相手の大学生Mくんはすでにほぼ全裸、ピチピチのボクサーショーツ一枚という姿でモニターに映っていて、事前に知らされているとおり、中・高と柔道をやっていたというたくましい肉体を惜しげもなくさらしていました。

そう、今日の私のリクエストは、マッチョな若い男……そんな相手が私の痴態を見て、興奮して自分の肉棒をしごく姿を想像すると、もうそれだけでゾクゾクと高まってきてしまいます。

「あの……シャツのボタンを外して、胸を見せてもらってもいいですか？」

「……うん、いいよ」

私はMくんの要請に応え、でもわざと焦らすようにゆっくりとボタンを外していきました。一つずつ外れて、徐々に肌が見えていくごとに、彼の鼻息が荒くなっていくのがわかります。そしてとうとうシャツの前が全開になり、乳房が露出しました。

「うわあ……オッパイ、大きいんですね。それに白くて柔らかそうだ……」

「うん、とっても柔らかいよ。マシュマロみたいだよ」

私は囁くような声でそう言いながら、自分で胸を揉んで彼に見せつけるようにしました。早くも興奮で乳首が固くなっていくのがわかります。

「あ、ああ、はあ……」

「ほら、きみも自分で自分の乳首、いじくってみなさい。男だってそうすると気持ちいいでしょ？」

「は、はい…………ん、んんっ……」

Mくんは言われたとおり、自分の両方の乳首を指先でいじり、

「そうそう……ね、気持ちいいでしょ？」

私が粘っこい声でそう問うと、

「はい……き、気持ちいいです……あ、ああ……」

と声を上ずらせ、ボクサーショーツの前部分が見る見る大きく盛り上がっていくのが見えました。明らかにすばらしいボリューム感です。

「うふふ、オチン〇ン、立派そうね……おばさんもたまらなくなってきちゃったわ」

そう言って、さらに胸を揉みしだく手を激しくすると、彼は慌てたように、

「そんなっ……おばさんなんてことないです！　とってもきれいで若いです！」

「うふふ、そう？　ありがとう」

私は嬉しげにそう応えましたが、これもこのリモート・プレイのいいところですね。モザイクで顔がわからない上に、モニター越しだからカラダのディテールのアラも目立ちません。自分ではまだそこそこイケてると思ってはいるけど、さすがにピチピチの十代の大学生から見ると、老けて見えるであろうことは否めませんから。

「ああ、たまんない……おばさんもパンツ脱ぐから、きみも脱いで！　早くその立派なオチン〇ン、直に見せてえっ！」

「は、はいっ！」

彼は言われたとおり息せき切ってボクサーショーツを脱ぎ去り、途端にギンギンに固く大きく勃起したペニスが、モニターを突き破ってこちら側に飛び出さんばかりの勢いで奮い立ちました。まじ、ものすごい迫力です。

「ああん、すてきぃ！　オチン〇ンすごいぃ！　ほら、おばさんのオマ〇コ見ながら、それを火が出るくらい激しくしごきまくってぇ！」

私もすぐさまパンティを脱ぐと、大股全開にしてアソコを前に突き出し、ほとばし

る愛液の飛沫がモニターに振りかからんばかりの勢いで掻きむしりました。自分でもびっくりするくらい、グチョグチョ、ヌチャヌチャとあられもなく淫らな音が辺りに響き渡ります。

「あ、ああっ、オ、オマ◯コすごい……い、入れたいよぉっ……！」

Mくんはモニターの向こうから今にも飛びかからんばかりの勢いで、食い入るようにこちらを見つめながら自分をしごきたて、見る見るペニスの膨張具合は限界に達しているようでした。

そして私のほうも、あっという間に極まってきて……！

「あ、ああっ、イク……おばさん、もうイキそうっ……！」

「は、はあ、はあ……ぼ、ぼくも……あ、で、出るっ……んくっ！」

「あ、ああああ〜〜〜〜〜〜っ！」

私は、Mくんのほとばしる大量の精液が向こうのモニター画面を汚すさまを見ながら、自分の指でオーガズムに達していました。

ああ、もう……なんでこんなに気持ちいいんでしょう？

このヒミツのお楽しみ、当分やめられそうにありません。

第三章

不埒に咲き爛れる昼顔

■義父の男根は力強くギンギンにみなぎっていき、先端から透明な先走り液が……

汗臭くたくましい義父の肉体に汚され悶える私

投稿者 白木萌（仮名）／31歳／専業主婦

夫を会社に送り出し、洗濯や掃除など一通りの毎日の家事を済ませて一段落していると、いきなりスマホが鳴り、見ると相手は義父からでした。

「畑でいい野菜がとれた。ついでがあるから、これから持っていってあげようと思うんだが、いいかな？」

一応「いいかな？」とお伺いをたてるような物言いでありながら、その口調はいつもながらの有無を言わせぬ高圧的な響きに満ちたもので、私は否も応もありませんでした。義父っていつもこうなんです。相手の都合なんかお構いなく、自分の思い立ったことを押し通さないと気が済まない……。

「あ、はい。もちろんです。お待ちしてます」

もうすぐ近くまで来ているから五分で着くと言って、スマホは切れました。

私は溜息をつきながら、そそくさと義父を迎える準備をします。

え、お茶や軽い食事の用意かって？　いえいえ、そんなことはしません。シャワーを浴びて、義父の好きなフローラルな香りのするボディシャンプーで隅々までカラダを洗いあげるんです。そう、足指の間から股間の切れ込みまで……これから、畑仕事を終えたばかりで汗とほこりにまみれた、たくましい義父の肉体に組み敷かれるために。

初めて義父と関係を持ってしまったのは、今から一年前。義母が病気で他界して三ヶ月ほどが経った頃のことでした。伴侶がいなくなってしまい、広い実家でいきなり独居となった義父の傷心と寂しさを少しでもまぎらわせてあげようと、私は週に一回ほど訪れては、身の回りの世話をし、話し相手になってあげていました。

そんな中、ある日いつもどおりお手製の煮物なんかを持参して訪ねると、義父は昼間からひとりお酒を飲んでいて、すでに相当出来上がっているようでした。

「萌さんも一杯どうだ？　きらいなほうじゃないだろ？」

そう勧められ、むげにするのも悪いかなと思ってご相伴にあずかったのですが、それがまちがいでした。

しばらくさしつさされつしているうちに、だんだん義父の眼の色が怪しく変わってきて……「萌さんっ！」そう唸るように言うと、いきなり私を畳の上に押し倒してきたんです。日々の畑仕事で鍛え上げられたその頑強な肉体の圧力に抗う術もなく、私はひとたまりもありませんでした。

「あ、だ、だめです、お義父さんっ！　や、やめて……っ！」

「ああ、頼むよ、萌さん！　寂しいんだ……慰めてくれよ！　な？」

最初は必死で抵抗しようとした私でしたが、お酒の酔いのせいもあってどうにも力が入らず、そうこうするうちに義父に挿入されてしまって……驚くことに、義父はもう六十を超えているというのに、その勃起した男根の固さと大きさは、まだ三十代半ばの夫をはるかに凌駕するもので、私はその未体験の性的衝撃にあっという間に呑み込まれ、自分の意思とは関係なく瞬殺でイかされてしまったんです。

こ、こんなすごいのはじめて……。

そんな私のオーガズム後の放心したような様子を眺めながら、義父はたっぷりと射精した自分の竿をティッシュで拭いつつ言いました。

「萌さん、これからもまた、お願いできるかな……？」

そのとき私は、それに対して返事をすることはできませんでしたが、一方でカラダの奥のほうがズキンと疼いて、代わりに応えているかのようでした。

そして案の定、その後なし崩し的に私と義父の不貞関係が継続し、今に至るというわけなんです。

あ、義父がとれたての野菜を持ってやってきたようです。

「……うん、いい香りだ。準備万端のようだな」

私のカラダに顔を寄せて鼻をくんくんとさせながら満足そうに言うと、野菜のカゴをキッチンの隅に置いた義父は、いつものように軽々と私をお姫様抱っこの要領で抱え上げて、寝室へと運んでいきました。そしてボフンッと私をベッドの上に放り投げると、着ていた農作業着を脱ぎ、その日焼けしたたくましい肉体を露わにしました。

ああ、まだ若いのに醜くたるみ始めてるサラリーマンの夫とは大ちがいだわ。

うっとりと見上げる私をニヤニヤ笑いながら見下ろし、義父は私の服を脱がせていき……もちろんその下は、すでにノーブラ&ノーパンです。

「ううむ、たまらん……」

そう言いながら全裸になった私にのしかかると、義父はムンムンとした汗臭さを発散させつつ、その肉体をからみつかせ擦りつけるようにして、首筋から鎖骨から、乳房から腋の下からおへそから、そして股間からお尻の割れ目から太腿、ふくらはぎから足指の間まで……これでもかと執拗なまでに舌を這わせねぶり回してきました。当然、せっかくフローラルないい香りで洗いあげた私のカラダは、義父のほこりっぽい汗と生臭い唾液によって汚され、冒されていくわけですが、この感覚がめっきり最近の義父のお気に入りなんです。

「ああ、萌さんのカラダ、ぜんぶおいしいよ……ここも、ここも、ここも！」

私のほうも、この汚されていく感覚がだんだん病みつきになってきて、体中を這いずり回る義父の舌の感触の妖しい心地よさに、全身をわななかせてしまいます。

あ、ほら、私が一番感じるところに来た……さんざんオマ〇コのビラビラをしゃぶり回し、クリちゃんをむさぼった舌が、そのまま今度は蟻の戸渡りをジュルジュルと伝ってアナルに達して……すぼめた舌先をドリルのようにして秘穴をジュボジュボとほじり掘削してきます。

「あは……はっ、くふぅ……んんっ、んはっ……はぁ……お、お義父さん、いい……と、とってもいいですぅ……」

「はぁ、はぁ、はぁ……そんなこと言われなくてもわかるさ！　マ〇コもアナルも、こんなにいやらしくひくついてるんだからな」

「ああ、今度はお義父さんのしゃぶらせてっ！」

「ああ、いいよ……おいしいチ〇ポ、たっぷり味わってくれよ！」

私は義父に立ち上がってもらうと、その前にひざまずいて男根にむしゃぶりつきました。汗とほこり、そして恥垢にまみれたソレは、ツンとくるきつい匂いをまとっていましたが、今ではそれをこの上なくかぐわしいと感じてしまう私がいました。

「はふ、あふ、んぐふぅ……お義父さんのチ○ポ、おいひい……」

亀頭から竿から玉から、私に貪欲なまでに舐められ、しゃぶりあげられて、義父の男根は見る見る力強くギンギンにみなぎっていき、先端から透明な先走り液がジュクジュクと滲み溢れ出てきました。

「はぁ、はぁ、はぁ……お、おとう……はん……んぐふ、ぐふう……」

「あ、ああっ、萌さん、もう限界だ！」

とうとう義父はそう叫ぶと、私の両肩を掴み、そのまま押し倒してきました。そして私に荒々しく覆いかぶさり、両脚を持って左右にぐっと大きく開かせると、ぱっくりと淫らに濡れ開いた肉扉に自分自身を突き刺し、えぐり入れてきて……！

「あっ、ああっ！　お、お義父さんっ……す、すごいっ！」

「はぁっ……萌さんっ！　あ、あうう……」

「お義父さん、もっと……もっと深く突いてっ！」

「あ、ああ……萌さんの中、熱くて蕩けるみたいだ……っ！」

「はっ、はっ、は……ああ、だめ……お義父さん、くる、くる……」

「萌さん、ああ、あ……そ、そんなに締めたら……くうっ！」

私と義父の肉のまぐわいは、見る見る激しい振動に支配されていき、とうとうお互いに頂点が見えてきました。

「ああ、あ、ああ……お義父さん、私もう、イ、イキそうっ……」

「くう、萌さん……俺ももう……うぐぅ！」

「はひっ……あ、ああ、イ、イク〜〜〜〜〜〜〜〜ッ！」

その瞬間、間一髪で義父の男根がズルリと抜かれ、絶頂にわななく私のお腹の上に大量の精液がばらまかれました。

「ふぅ〜っ……今日も最高だったよ、萌さん」

「はい、私も……最高に感じちゃいました」

これからもこの関係は密かに続いていくことでしょうが、もうちょっとこっちの都合も考えてほしいな、と思う私。

ま、でも結局いつだって断れないんですけどね。

■二人は私の胸を揉みしだきながら、コリコリと乳首を摘まみこね回してきて……

ママ友同士の歓迎会は淫らに妖しく際限なく濡れて

投稿者　関根マナミ（仮名）／28歳／専業主婦

念願のマイホーム！

中古だけど3LDKのマンションを買い、夫と二人引っ越してきた。さあ、これで手狭だった以前の2Kの賃貸アパートよりもぐんと広くなって、ようやく心置きなく子づくりにも励めるっていうもの。さあ、今週末はスタミナのつく料理作って、ダンナには腰が抜けるほど（笑）がんばってもらわないと！

とか思ってたら、同じ階に以前から住む先輩主婦二人から、歓迎会のお誘いをいただいてしまった。

「よかったー、やっと私たちと同世代の人が仲間になってくれて。このフロアの他の奥さんがたって、皆さんひと回りくらい上なもんだから、あんまり話も合わなくて」

「そうそう、関根さん……あ、マナミさんって呼んでもいい？　マナミさんはオシャレでセンスもよさそうだから、これからいっしょにランチとかショッピングに行ったりして、仲良くしましょうよ、ね?」

そう言う二人は、麻衣子さん(三十歳)と紀香さん(三十一歳)といい、二人とも私と同じ専業主婦。どちらもなかなかの美人だった。おまけに麻衣子さんはオッパイも大きくてかなりのナイスバディ。細身でモデル体型の紀香さんと二人で並んで街を歩くと、きっと目立つんだろうなあ……。

なんて二人を見ながら思い、私は部屋主である麻衣子さんがグラスに注いでくれたワインをチロチロと舐めていた。いや、さすがに昼間っからお酒はちょっと……って言って遠慮したんだけど、二人とも「いいじゃない、いいじゃない! せっかくのお近づきのお祝いなんだから」とか言って、なかば強引に勧められちゃって。まあ、私も嫌いなほうじゃないから、じゃあ少しだけって言って。

で、最初は向かい合わせのソファに三人それぞればらけて座って、買い出ししてきたフライドチキンとかポテチつまみながら酒盛りしてたんだけど、私が「あれ?」って気がついたときには、同じひとつのソファに麻衣子さんと紀香さんが左右から、私を真ん中に挟む格好で座ってた。しかも、かなり体を密着させてて。もう、二人の顔が近いのなんの……その吐く息が耳や首筋に触れて、思わずゾクッてしちゃうほど。

さすがに私もなんだか居心地が悪くなっちゃって、

「あ、す、すみません……ちょっと、トイレ……」

　ってウソついて、二人からちょっと距離をおこうと立ち上がろうとしたんだけど、そうは問屋が卸さなかった。

「え、マナミさん、さっきトイレ行ったばっかじゃん。ウソウソ！　逃げようってったってダメ、ダメ！」

「そうそう。これからが本当に仲良くなるための本番なんだから！」

　仲良くなるための……本番？

　私がワケがわからずうろたえていると、麻衣子さんと紀香さんの二人はまるで申し合わせたかのように、同時に左右から、私の耳朶から首筋の辺りにかけてに口づけし、一段と熱い息を吹きかけながら、舌を這わせてきた。

「えっ、えっ、えっ！　……な、何を……っ、や、やめてください……」

　私は突然の衝撃的展開にますますうろたえ、必死に二人を押しのけようとしたんだけど、まあまあ酔っていることもあって思うように体に力が入らず、まるで効果がなく、逆にさらに二人の圧力が増してくるような始末だった。

「いいの、いいの。マナミさんは黙って私たちに全部まかせてくれればいいから」

「そうよ。悪いようにしないから、大丈夫。カラダの力を抜いて」

二人はそう言いながら私のシャツのボタンを外し、胸元を開くとその下のブラのホックも外して乳房を露出させてしまった。

「わあ、やっぱり思ったとおり、形のいいキレイな胸してる。私ってば大きいけど、カタチはイマイチなのよねえ。うらやましいわ」

「もう！　それを言ったら、私なんか貧乳の部類なんだから！　二人ともうらやましいわあ！」

麻衣子さんと紀香さんは口々にそんなことを言いながら、私の胸を揉みしだき、コリコリと乳首を摘まみこね回してくる。

「あっ、あ……だ、だめっ……そんなこと……っ！」

「ええっ？　そんなこと言って、乳首こんなにツンツンにとんがってるんですけど～？　ほんとは感じてるんでしょ～？」

「……っあっ！　ひぃっ……んんくぅ……！」

紀香さんが乳首に吸いついて、チュウチュウレロレロと、吸い舐め回してくるものだから、私はたまらず背をのけ反らせて悶絶しちゃった。

もちろん、自分と同じ女の人にこんなことされるのなんて、生まれて初めての経験だったけど、二人の愛撫は、男の人には望めない繊細でソフトタッチな快感に満ちていて、私はその新鮮な驚きに感動すら覚えてしまってた。

「さあ、紀香さん、私たちも脱ぎましょ？」

麻衣子さんがそう言うと紀香さんも従い、二人はそそくさと自分たちの服を脱ぎ去ると、その火照ったように熱い肌を私の裸の胸に押しつけ、からみつかせてきた。えも言われぬ妖しく淫らな感覚にとらわれてしまう。

「はあっ……あ、ああん……んくぅぅ……」

「ほら、マナミさんも素っ裸になりましょうね～」

そうやって私の下半身も衣服を剝ぎ取られ、とうとう三人とも一糸まとわぬ姿になってしまった。

「ほらマナミさん、私のオッパイも舐めてぇ」

と言われ目の前を見ると、麻衣子さんの巨乳が押しつけられてきて、私はいやでもそれを口に含むしかなかった。大きな乳房に負けない巨峰ぶどうのような乳首を、キャンディを味わうかのように舌で転がし舐めしゃぶってあげると、

「ああっ！　いいわぁ、ああん……感じるぅ！」

麻衣子さんは大声でそう喘ぎ悶えた。

すると、一方で紀香さんは私の下半身のほうに身を沈めると、股を開かせてその中

心のぬかるみに舌を突っ込み、ジュブジュブ、グチュグチュとえぐり回してきて。

「……くはっ！　ああっ……んはっ、ああん……」

私は思わず、麻衣子さんの乳首を口から放して快感に悶えてしまう。

そうやって気がつくと、私たち三人の裸体はいかがわしい大蛇のように妖しくヌメヌメとからみあい、もつれあい……乳房を、アソコを、アナルを……お互いの性感帯をこれでもかとむさぼりあい、求めあっていた。

いつの間にか私も、自分のほうから彼女たちの性器を求め味わって……イかせ、イかされ、女ならではの底なしの絶頂の宴は、それからなんと延々三時間も続いた。

その夜、帰宅した夫から聞かれた。

「で、どうだったの？　歓迎会のほうは？」

「うん、楽しかった。とってもよくシテもらったよ」

「そりゃよかった。せいぜい仲良くするんだな。ご近所づきあいは大事だもんな」

うふふ、知らぬはダンナばかりなり。

正直、子づくりより、こっちのつきあいのほうが病みつきになっちゃいそう。

■ズッチュ、ズッチュと前後にピストンが繰り返されるたびに、目の前に快感の火花が……

隣家のご主人とのアウトドアSEXの快感に燃えて!

投稿者 矢井田結子（仮名）／34歳／パート

私はサラリーマンの夫と小1の娘と暮らしています。週に三日、近所のスーパーでパート勤めをしています。どこにでもいるようなごく普通の主婦なんですが、この間、思わずドキドキするような体験をしてしまいました。

私のマンションの隣りの部屋に倉本さんという一家が住んでいるのですが、奥さんとご主人と小二の息子さんという、うちとほとんど同じ家族構成。で、なんとこの分譲マンションを購入して同じ日に引っ越してきて、なんとなくお互いの引っ越し作業を手伝い合ったという経緯があって、それ以来、ずっと仲良く家族ぐるみのつきあいをしているんです。

つい一ヶ月ほど前のことです。

倉本さんのご主人が、皆で一緒にキャンプに行かないかと誘ってきました。前々からそのアウトドア系な趣味のことは聞いてはいたのですが、うちの主人のほうは逆に映画鑑賞や読書が好きなインドア系なもので、関係ないかーというかんじで聞き流していたんです。で、一応主人にそのことを話すと案の定、「俺はいいや。でも、もし子供が行きたがってるようなら、おまえたち二人で連れていってもらってもいいよ」という返事。もちろん、娘は向こうの涼真くんとも仲がいいので行きたいと言いましたが、私としてはなんとなく気が乗らないかんじでした。だって、うちはキャンプのことなんて何ひとつ知らないので、倉本さん家族に面倒かけっぱなしになるであろうことは、わかりきっています。そんなの申し訳なくて……。

ところがそう伝えると、

「そんなのぜんぜんノープロブレムですよー！　行きましょ、行きましょ？　キャンプ初心者の人にいろいろ教えるのもまた、僕の楽しみなんですよ」

と、ご主人は言い、結局その週末に、倉本さんの4WD車に乗せてもらい、うちの主人を除く両家の全五人で、近場のキャンプ場に行くことになったんです。

運のいいことにその日はお天気もとてもよく、快適なドライブのあとキャンプ場に着いたのは、お昼ちょっとすぎくらいのことでした。

早速お昼ごはんを食べようということになり、がっつり手の込んだアウトドア料理をつくるのは夜に回し、ここは手早く飯盒で炊いたご飯とレトルトのカレーをいただきました。でも、そのご飯は思いのほかおいしくて、お肉を焼いたりシチューをこしらえたりするという夜ごはんへの期待が、いやが上にも高まりました。

「ママ、じゃあアタシ、涼真くんと遊んでくるねー」

「遠くに行っちゃだめよ。このテントが見えるところで遊ぶのよ」

「はーい」

「大丈夫よ。私も見てるようにするし」

倉本さんの奥さんもそう言ってくれて安心していると、ご主人が言いました。

「それじゃあ、子どもたちのことと、夜の料理の仕込みはうちのに任せて、僕たちは森のほうへ薪用の枯れ枝を拾いに行きましょう。料理をつくるのにけっこう必要なので、ちょっと手伝ってほしいんですよ」

「あ、はい、お安い御用です」

奥さんは料理の仕込みはベテランで、一人で慣れているということだったので、私はご主人について森の中へと分け入っていきました。

ところが、けっこうな時間歩いたのに、枯れ枝らしきものはほとんど落ちておらず、私はだんだんくたびれてきてしまいました。日頃の運動不足が恨まれます。

「う～ん、今日は不漁だなあ。奥さん、疲れたでしょ？　ちょっと休みましょう」

ご主人がそう声をかけてくれて、私は内心ほっと一安心する心地でした。

太い木の幹の根元に背中を預け、私とご主人は持参してきた水筒の水を分け合って飲みながら、あたりさわりのない会話を交わしていたのですが、突然、ご主人が思わぬことを口にしました。

「ところで奥さん、ご主人とちゃんと夜の生活はありますか？」

「えっ？　あの、今……なんて……？」

「ご主人とちゃんとセックスしてますかって聞いたんです」

一瞬、ちょっとタチのよろしくない冗談かと思いましたが、私の顔をじっと見つめるご主人の目は、ひたすら真剣な光を帯びていました。その本気感に呑み込まれるかのように、私もついつい正直に答えてしまって。

「あ……はい、月に一度程度ですけど……」

「そうですか。実はうちはもう半年ほども一回もないんですよ。完全なセックスレスってやつですね。いいなあ、ご主人。こんなステキな奥さんと月に一回もヤれて」

その本当に寂しそうな表情に、私はついつい同情を禁じえませんでした。

だから、次に発されたご主人の一言にも、それほど拒否反応はなかったんです。

「お願いです、奥さん。今ここで、僕と愛し合ってもらえませんか？　奥さんのことが……欲しくて欲しくて仕方ないんです」

　いえむしろ、そんなふうに言われて、正直心がときめいたほどで。

「え、ここで……ですか？」

「はい、ここで」

　私の危うい心の揺らぎを逃すものかといった、確固とした口調でそう言うと、ご主人は私の両肩を掴んで自分のほうに引き寄せると、ねっとりと唇を重ねてきました。

そして十分唇を舐め回したあと、舌を口内に差し込んできて妖しく蹂躙し始めました。

私の口蓋から歯茎に至るまで隅々まで舐めむさぼったあと、舌と舌をネロネロとからめて吸い立ててきて……甘ったるい恍惚感が私を包み込んでいきました。

「……んあ、はぁあぁ……んっあぁ……」

「はぁはぁはぁ……ああ、奥さん……奥さんのつば、おいしいよ……」

　ジュル、ジュルル、ズズズ……お互いの口から溢れ出した唾液が混じり合い、零れ落ち、二人の顔を淫らに濡れ汚していきました。

　そうしながら、ご主人が私の厚手のネルシャツの前ボタンを外して、暗めの紫色のブラジャーがさらけ出されました。それを見て、さらにテンションが上がってしまったようです。鼻息荒く乱暴なまでの勢いでブラを剝ぎ取ると、こぼれ出た私の乳房にむしゃぶりつき、飢えた赤ん坊のように吸いむさぼってきたんです。
「……あっ、はあっ……くはっ、ああ、あ……」
私はその痛みと甘美がないまぜになったような刺激に喘ぎ、悶え、身をくねらせて
……思わずご主人の頭を強く抱きしめてしまっていました。
「ああ、はう……奥さん……なんて柔らかくて美味しいオッパイなんだ。こうやって
舐めてると、今にも甘いミルクが出てきそうな気がする……」
「……んんっ、んくっ……はぁっ……」
いつしか私の中の性感テンションもＭＡＸまで昂ぶってしまったようで、今度は私
のほうからご主人の服に手をかけて、それを脱がし取り始めていました。色白でちょ
っと小太りなうちの主人とは違い、色黒で適度に引き締まったその精悍な体が、ほと
ばしるような私の性欲を促します。
「ああっ……抱いて……強く、深く、激しくっ……！」
「お、奥さん！　ほらっ、僕の、もうこんなにっ……！」
そう言って、ズボンを脱いだご主人がさらけ出したのは、怖いくらいの勢いで勃起
し、反り返った黒々とした肉竿。先端の亀頭だけが毒々しい赤ピンク色なのが、なん
とも淫らなコントラストでした。

そしてそれが、同じく剝き身にされた、私の濡れた肉割れにズブズブと突き立てられてきました。ズッチュ、ズッチュと前後にピストンが繰り返されるたびに、目の前に快感の火花が飛び、私の全身は喜悦の渦の中に呑み込まれていってしまいます。

「あっ、あっ、あっ……あ、あああ～～～～～～っ！」

「奥さんっ、奥さんっ……くうっ、んぐ……はぁ、はぁ……」

「あう……イ、イク……イッちゃうの～～～～っ！」

「ああ、奥さん、ぼ、僕も……くっ……はぁあああっ！」

まさに絶妙の間合いで、ご主人の射精が私の絶頂のど真ん中を射ち貫き、私たちは木の幹を背にあられもなくイキ果ててしまったのでした。

その後、大慌てで枯れ枝を掻き集めて、テントのほうに戻った私とご主人。

「遅かったのね」

奥さんのちょっと冷たいその物言いに、なんだか私とご主人がしでかした『おイタ』のことが、バレちゃってるような気がして仕方ないんですけど。

■彼は私の両脚を抱え上げて左右に大きく広げると、先端を濡れた入口にあてがい……

昼下がりの台所で米屋男性のたくましい肉体に襲われて

投稿者 殿村早紀（仮名）／29歳／専業主婦

ある日、馴染みのお米屋さんのご主人から電話がありました。

「今日、急用で私が配達に行けなくなっちゃったんで、三上ひとりで伺わせます」

「あ、そうなんですね。はい、わかりました」

私はさも何食わぬ調子でそう応えましたが、内心、心臓がドキンと不穏に跳ねる思いでした。

三上さんは、つい三ヶ月ほど前からお米屋さんのバイトとして働き始めた、私と同じ歳くらいの男性なのですが、これまでご主人の補佐役としてお米の配達に来るたび、その私を見る粘り着くような視線に、なんとも落ち着かない気分にさせられていたからです。それでも、これまではご主人が一緒でしたからなんとかやり過ごせたものの、今日はその三上さんに一対一で相対さないといけないなんて……。

今さらながら、今どきお米を馴染みのお米屋さんに家まで配達してもらい、さらには家にあげてお米を米びつに納めてもらわないと気が済まない、姑の変なこだわりを恨みがましく思う私でしたが、そのやり方に従わないわけにはいきません。なんといっても舅が昨年亡くなって以来、この家の絶対的家長はまだまだ頼りない夫ではなく、姑なのですから。

「由緒ある殿村家の嫁が、自分で米を買ってくるなんてみっともない真似は絶対にしないでね。お米は○○さん、お肉は××さん、お魚は×○さんから……うちみたいな旧家は、ぜんぶお店の御用聞きが都度、配達するものって決まってるの」

まったく……理解不能のプライドです。

とか、不満をひとりごちているうちに、お米屋さんがやってきてしまいました。

「毎度どうもー。いつもどおり奥まで持ってあがりますねー」

三上さんはお店のミニバンを裏口に止めると、その元消防士だったというたくましい両肩にそれぞれ軽々と十キロの米袋をかつぎ、勝手口を上がり台所に入ってきました。黒いタンクトップが余計に胸板の厚さと腕の太さを強調し、これ見よがしにモジャモジャと生えた濃い腋毛が際立って、目のやり場に困ってしまいます。

そして、困惑気味でそんなふうに軽く目をそむける私のことを、彼がニヤついた目で見ているように感じるのは、私の自意識過剰な気のせいなのか……？

彼はズンズンと台所のさらに奥、米びつのある物置のほうに向かうと、その蓋を開けて上からシャーシャーと米を流し入れ始めました。姑からはそのとき、向こうが誤って米をこぼしたりしないよう目を光らせておけと言われているので、私はその脇に立って見ているしかありません。

そして二分後、三上さんは持参したすべての米を米びつに納め終えました。いとも軽々とやってのけたように見えましたが、その上半身はそれなりの肉体労働の名残を示すかのように、たくましい筋肉を浮き立たせ、火照っているようでした。

そして、その目がいつにも増して粘っこく私のことを見ているような……。

「あ、お疲れ様でした。じゃあ受け取りを……」

私が、そんななんとも居心地の悪い感覚を振り払うかのように、自分から納品伝票へのサインを促した、そのときでした。

あっという間に彼が私との間を詰め、背後から抱きすくめるようにして、そのごつく大きな手のひらで口をふさいできました。じっとりと汗ばんだ感触がケモノじみたオス臭を発しながら、私の鼻腔を刺してきます。

「……んっ、ふぐっ……んぐぐぅぅ……」

「はぁ、はぁ、はぁ……お、奥さん、やっと二人きりになれた……俺、ずっと奥さんんに憧れてたんだ。一度でいいから、奥さんのこのエロいカラダを抱きたいって……奥さんも同じ気持ちだよな？　いつも物欲しげな目で俺のこと見てたもんな？」

ええっ、な、何言ってるの、この人⁉

私は思いもよらない彼の物言いに、心底驚いてしまいました。

「んんんっ、んぐふぅ！　んんん、ううんっ！」

私は彼の言い分を否定しようと必死で首を振り、その太い腕の中から抜け出そうともがきましたが、もちろん、びくともしません。

彼は片手で口をふさいだまま、もう片方の手で服の上から私の胸を鷲掴むと、荒々しく力任せに揉みしだきながら言いました。

「くくく……そんなふうに否定したってムダだよ。いくらカッコつけたって、奥さんの目……俺が配達してる他の家のスケベ女たちとおんなじだ！　あわよくば俺のこのたくましいカラダに押し倒されたいと思ってる。きっと自分とこのダンナよりもでっかいチ○ポで、腰が抜けるほど犯しまくってくれるにちがいない……そんなふうな淫乱妄想で怖いくらいにギラついてさ！」

そ、そんなこと……ない……っ！

さらに、力強い腕で胸から下半身へと激しく揉みまさぐられながら、私はなおも内心で彼の言い分を跳ねのけようとしていましたが、だんだんその勢いも削がれてきてしまいました。

なぜなら、感じてきてしまったから。

服と下着越しでも、彼の執拗な強制愛撫によってもたらされた刺激は私の肉体の内部に浸透してきて……今やブラの内側で乳首はツンツンに尖り、乳房は淫らな熱を帯びて……そしてパンティの内側でも、飛び出した肉真珠がぷっくりと膨らみ腫れ、肉びらが自ら染み出させた肉汁でしとどに濡れ乱れ、ズキズキと疼き悶えてしまっていたんです。

いつの間にか私の胸をはだけ、股間に直接手を突っ込んだ彼も、当然目ざとくそれらの反応を感知していました。

「おお～、奥さんもこんなに蕩けてきちゃって……もう、入れてほしくてたまらないってかんじなんじゃないの？　ほら、俺のはすっかりこんなだよ？」

全身を愛撫しながら、彼が背後からグリグリと私の尻穴あたりに押しつけてきた固くて大きな昂ぶりは、驚くほどの熱量に満ちていました。

「……んんっ、んふっ……んくぅ、んぐふっ……！」

さっきまでは抵抗と苦悶の響きに満ちていた自分の呻きが、今や完全に甘くねだるように湿り気を帯びているのが、いやでもわかりました。

「ああ～っ、くそ、もうたまんねえ！」

三上さんはいきなりそう声を張ると、私の体をお姫様抱っこの要領で抱え上げ、台所のほうに向かいました。そしてテーブルの上にあった、醤油さしや箸置きといった細々としたものを薙ぎ払って床下に落とすと、きれいに何もなくなったそこに私の体を横たえました。もう彼の手は私の口から離れていましたが、私のほうも今や声をあげてご近所に助けを求めるような気は、さらさらありませんでした。

さっき彼が言っていたように、よそのスケベ奥さんたちと同じく、彼のたくましい肉体を、夫のよりも（たぶん）でかいチ〇ポを、早く欲しくてたまらない淫乱女に成り下がっていたんです。

彼は私の服をめくり上げて完全にブラを剝ぎ取り、パンツと下着を脱がして下半身を裸に剝きました。そして自らもカチャカチャとベルトを外しながらズボンを脱ぐと、下着も取って、いよいよいきり立ったシンボルを露わにしました。ああ、まちがいなく、夫の軽く一・五倍はありました。

私は高まる期待を胸に目を潤ませて彼のことを見上げ、彼はそんな私の両脚を抱え上げて左右に大きく広げると、ピタリと先端を濡れた入口にあてがい……ヌチヌチと肉ひだを割って、内部を穿ち掘りえぐってきました。

たまらない衝撃に満ちた快感が、私に襲いかかってきました。

「あっ、はぁっ……あひ、あふぅん……んはっ、ああっ！」

ご近所に聞かれることを気にして多少は抑えながらも、私は喜悦のよがり声をあげ、彼の腰に両脚を巻きつけてギュウギュウと締め上げていました。そうするとより深くえぐられるようで、私はますます快感を爆発させていきました。

「あん、あっ、はあ、あ、あう……イ、イク……イク〜〜〜っ！」

「あ、あ、あ……キ、キッ……くうっ、お、奥さん、お、俺ももう……！」

私は彼の熱い精をたっぷりと注ぎ込まれながら、頭の中が真っ白になるような最高の絶頂に達していました。

その後また、お米の配達業務はご主人と三上さんの二人体制に戻り、今のところ私が再び三上さんと体を重ねる機会はありませんが、いつかまたその日がやって来ないかと、誰もいない昼下がりの台所で思い出しオナニーに耽る今日この頃なんです。

■監督の荒ぶる肉棒は私の秘肉の奥の奥まで、何度も何度も挿し貫き、突きまくって……

監督の肉棒で闘魂注入してママさんバレー大会予選突破

投稿者　久米美聡（仮名）／25歳／パート

その日はママさんバレーの地区予選大会の日で、順調に三試合勝って優勝すれば次の県大会本選に進める。そこでも勝ち上がって、いよいよ次の全国大会に駒を進めることが、監督の悲願だった。

でも、エースアタッカーである私の調子は今イチだった。

一回戦目、セッターの新井さんと私の息がなかなか合わず、おまけに私はスパイクミスを連発。対して強い相手でもないのにフルに三セット戦い、ギリギリなんとか勝つことができたという体たらくで、皆にも余計な体力の消耗をさせてしまった。私はエースとしての責任とふがいなさを感じていた。

そして午前中の試合がすべて終わり、一時間の昼休憩タイムに入ったとき、

「久米さん、ちょっといい？」

予想どおり、私は監督に呼ばれた。いつもの説教だ。

といっても、試合会場は地元の中学校の体育館なので、まともな控室などなく、私は奥の人気のない体育用具倉庫へと連れていかれた。

ところ狭しと跳び箱やマット、ボール類などが置かれているなか、中央の狭いスペースにパイプ椅子を向かい合わせに置いて座り、監督が言った。

「だめだな、いつもの悪い癖が出てる。緊張で体中のあちこちに変な力が入りまくって、挙動のバランスがめちゃくちゃだ」

「……はい」

もちろん、言われなくてもわかってた。それが、恵まれた体格と並外れた身体能力を持ちながら、私が中・高とバレー部でレギュラーになれなかった理由だったから。

要はメンタルが弱すぎるのだ。

でもそれでも、今のこのママさんバレーチームでの私の実績とポテンシャルはずば抜けていて、エースとしてチームを引っ張らざるを得ない。

「リラックスのためのいつものルーティーン、やっていいか？」

監督にそう問われ、私はさすがに一瞬、躊躇した。

いつもの慣れ親しんだ、勝手知ったる練習場所とは違い、今ここは目と鼻の先が試合会場という、いつ誰が来てもおかしくない状況なのだ。

でも、私が本来の力を発揮し、予選を勝ち上がるためには選択の余地はなかった。

「はい……おねがいします」

私は監督の目を見ながら、きっぱりと答えていた。

「よし、わかった」

監督はそう言うと、私にユニフォームの下のブラを外すように促した。私が言われたとおりにして外したブラをパイプ椅子の背にかけると、監督は手を伸ばしてユニフォームの上から私の胸に触れてきた。さっき試合を終えたばかりの私の体はまだ汗ばんでいて、監督の手の圧力がニチョッという湿った感触を伝えてきた。

「ああ、ほらやっぱり……こんなにガチガチにこわばってしまってる。これじゃあバネが活きてこないはずだ」

監督は溜息をつきながらそう言うと、ゆっくりと私の乳房を撫で回し、揉みしだいてきた。幼い頃から大きく発達して、試合中どうしても激しく揺れてしまうため、もうずっと私の恥ずかしいコンプレックスになってきてしまっている、憎たらしい九十センチ超のバストがプルプルとおののいた。

「ほらほら、大丈夫だから……僕にまかせて、もっと力抜いて……うん、そうそう、だいぶ柔らかくほぐれてきたよ」

ユニフォームの薄い布地越しに監督の指が私の乳首をとらえ、スリスリ、コネコネとつまみ、揉みほどいてくる。

「あ……か、監督……んぅ……」

思わず私の唇から甘い吐息が漏れ、同時にたしかに、胸を中心に全身の緊張がほどけ、無駄な力が抜けていくような心地がする。

「おやおや、今度はここが固くなりすぎだな。ちょっとコントロールして、バランスよくほぐさないと」

監督は言うと、私のユニフォームの前をめくり上げ、プルンと揺れ現れた丸い乳房の真ん中の、鮮やかなピンク色の乳首を唇で含んできた。そして舌をからめてねぶり回し、チュプチュプと吸って……。

「あ、あん……は、はぁ……」

「うん、いいぞ、その調子……うまくリラックスしてきてる。それじゃあいつもの次のステップに移るよ」

監督の手が、するりと私のブルマーの内側に滑り込んできた。パンティもこじ開けて、汗だけではない湿り気を含んだ私の股間の秘肉の中に指を沈め、ゆっくりと抜き差しを始めた。ヌプ、チュプ、ニュル、ツプ……と、ぬかるんだ音を発しながら、秘肉はますます熱を持ち、ユルユルと蕩けたようになっていく。

「あ、あん……監督……監督……はぁっ……」

今や監督の頭は私の股間の目の前にあり、ブルマーもパンティも膝のあたりまでずり下ろされ、秘肉の中には舌が差し込まれ、うごめいていた。

「んぶっ……んじゅぶ、うぶ……ぬぷ、じゅるる……」

「ひ、ひあっ……あ、ああ……か、監督ぅ……」

すると、おもむろに監督が立ち上がり、言った。

「さあ、いよいよ仕上げの闘魂注入だ。すっかりリラックスしたカラダに、俺の燃え盛る闘う魂をぶち込んでやるぞ。用意はいいか⁉」

「は、はいぃっ……お、おねがいしますぅ！」

ジャージを脱いで露わになった監督の肉棒は、たぎるような熱量に満ち溢れ、怖いくらいに大きくドス黒く膨張した亀頭の先端からタラタラと透明な汁を滲ませながら、私の秘肉めがけて突き入ってきた。

「……ひっ、ひあっ、あ、あはっ……んあぁぁっ！」

「う、ううむ、久米さんのなか、最高に燃えてるぞ！　いい、いいぞ……これぞ闘う女の真髄だ！　はっ、はっ、はっ……！」

監督の荒ぶる肉棒は私の秘肉の奥の奥まで、何度も何度も挿し貫き、突きまくって……とうとう、最後の大きな波が押し寄せてきた。

「あ、ああっ……監督っ、わ、私、もうっ……」

「ああ、最後の仕上げだ……俺の魂、全部なかに注ぎ込むぞ……んぐっ、うう！」

「…………～～～～～～～～～～～～っ！」

監督の熱いものがドクドクと私の胎内になだれ込み、真っ白な頭の中で頂点まで昇り詰めた私は、心地よい脱力感のなか、すっかりリラックスできていた。

「よし、これで大丈夫！　二回戦、がんばろうな！」

「はい、監督！」

そして首尾よく予選を勝ち上がって県大会出場を果たした私たちだったが、残念ながら準々決勝で敗れ、全国大会進出はならなかった。

まだまだ修業が足りないということか。

これからもっともっと、監督の熱い指導を仰がなければ！

■男性はぷるんと露出された私の乳房にグイグイとその巨大なペニスを押しつけ……

高熱で朦朧とする意識の中で淫らに凌辱されて

投稿者　灰田あゆみ（仮名）／32歳／OL

普段、病気知らずの私が風邪をひいて寝込み、会社を休んでしまいました。なんと熱は三十八・五度もあり、体中だるくて起きているのもつらく……すわ流行りの感染症か？　とビビりましたが、幸いそれはなかったようです。

「ほんとは俺も休んで看病してやりたいけど、今日はマジ重要な商談があってダメなんだ。ごめんな」

やさしい夫はそう言い、後ろ髪を引かれるような顔で出勤していきました。

「大丈夫よ。おとなしく安静にしてるから。いってらっしゃい」

どうにか玄関口で夫を送り出したあと、私は這うような動きで居間に敷いたマットレスまで戻り、毛布をかぶって床につきました。さっきごく軽い朝食をとったあと飲んだ薬が効けばいいなあ、と思いながら。

ところが、ものの五分もしないうちに玄関でチャイムが鳴りました。

えっ、マジ？　ちょっと勘弁してよお。居留守使っちゃおうかな……。

あまりにもだるくて一瞬そう思いましたが、次の瞬間、何日か前に実家の母が荷物を送ると言っていたことを思い出しました。畑で採れた新鮮な野菜です。もしその宅配業者さんだったら、不在にして受け取らないわけにはいきません。

私は再び這うようにして玄関口まで行き、覗き穴から訪問者を確かめると、案の定宅配業者さんのようでした。ただし、母が暮らしている地域はけっこうな田舎なので、誰もが知っているような業者さんはなく、見たこともないような服装をした中年の男性が大きな段ボール箱を抱えていました。

ドアを開けて応対すると、やはり母からの荷物でした。

「ああ、はい……どうもご苦労様です」

私は体のふらつきをなんとかこらえながら荷物を受け取ろうとしたのですが、渡されたそれは思った以上に重く、たまらずその場に倒れ込んでしまいました。

「ああっ……危ない！　だ、大丈夫ですか⁉」

慌てた男性は私を抱え起こすと、とっさに少し奥の居間に敷かれたマットレスが目に入ったのでしょう、私の体を支えながらそこまで運んでくれました。がっしりとした体がたまらなく頼もしく感じられました。

男性は私の体を横たえると、脇にひざをついて心配そうに見下ろしてきながら、

「いま体に触れたら、すごい熱でしたよ。病院に行かなくて大丈夫ですか？　なんなら僕がいっしょに……」

「い、いえ、大丈夫、大丈夫ですから……ご心配ありがとうございます。でも、さっき薬も飲んだし、寝てればじきよくなりますから……」

私は男性の厚意に感謝しながらも、そういって遠慮の意を伝えました。

「本当ですか？　心配だなあ」

ところが男性は簡単には納得してくれず、そう言って私の腕をとり、

「ほら、本当に燃えるように熱いですよ！　このままじゃだめですって！」

とまくしたてながら、思わぬ行動に出てきたんです。

彼は私のパジャマ様の部屋着の前ボタンを外すと、がばっと大きく胸元を開き、中のブラジャー姿をさらさせて言いました。

「こうやって外気に触れて冷やさないと！　あ～あ、こんなにじっとりと汗ばんじゃって……かわいそうに」

そして私の乳房の表面にプツプツと浮き出した汗の粒を、自分の手のひらで直に拭い取り始めたんです。

「……あ、ちょ、ちょっと……何を……っ？」

私は慌てて言いましたが、熱で衰弱しているせいか、自分でもいかにも声に力がないのがわかります。するとさっきまではいかにも私の体を心配しているような口ぶりだった男性の態度に、はっきりと変化が表れました。

私を見るその目は血走ってギラつき、鼻息は荒く、ぽっかりと開けっぱなしの口の端からはヨダレが垂れて……！

「ああ、奥さん……もうダメだ、ガマンできないっ！　色っぽすぎる！　もう仕事クビになってもいいや！　ね、やらせてよ？　ほらほら、これ見てよ。さっき奥さんのカラダ抱き起こして、その熱くて柔らかい肌に触れたときから、俺のコレ、もうビンビンになっちまってるんだ！」

そう言うや否やズボンと下着を脱ぎ下ろし、自分のペニスを寝そべった私の眼前に突きつけてきたんです！　怖いくらいにいきり立ったそれは、長さは二十センチ近く、幹の太さも優に五センチはあって……朦朧とした私の頭の中でも、夫とは比べものにならないくらいの巨根であることが痛感されました。

「な？　奥さんはつらそうだから、寝そべったまま何もしないでマグロでいいからさ、頼むよ」

男性はハァハァと荒い息遣いをしながら、おもねるような声で言うと、私のブラを外し、ぷるんと露出された乳房にグイグイとその巨大なペニスを押しつけてきました。熱く固いこわばりが柔らかく丸い肉房をムギュムギュ、グニュグニュ、ギュウギュウと押しひしゃげさせ、蹂躙し、なぜか私の意思とは関係なくツンと勃起してしまっている乳首をすりつぶすようにしてきます。その異様なまでに淫らな肉感に見舞われ続けるうちに、私の中に言いようのない昂りが生まれてきました。熱にうかされているのか、陶酔にまみれているのか……？

「あ、ああ……はぁ、んあっ……んっ、んんんっ……」

たまらずこぼれた私の喘ぎ声を聞くと、

「ほらほら、奥さんも俺のこのぶっといチ○ポ、アソコに入れてほしくてたまんなくなってきただろ？　な、いいよな？　入れるよ？」

男性は焦ったような口調でそう言い、私の衣服をまさぐってペロンと下半身を剝き出しにすると、正常位の体勢でペニスを股間にあてがってきました。

「さあ、いいか、入れるぞっ……ん、んんむぅ……！」

こもったうなり声とともに、私のアソコにミチミチと異様な侵入感があり、続いて空恐ろしくなるような貫き感が奥の奥まで襲いかかってきました。夫とのセックスでは感じたことのない、凄絶なまでの感覚です。

「ああっ！　ひぃ！　あ、ああ……は、はぁぁっ……ああん！」

高熱のせいなのか、快楽のせいなのか。

私の意識は見る見る白く膨張していき、全身を爆発するような高揚感が包んで……、

「うっ、うう……んぐぅ……！」

唸るような男性の最後の喘ぎとともに、私は完全に意識を失ってしまいました。

気がつくと男性はいなくなっていました。

私のお腹の上に大量の白い放出物を残して。

まだ朦朧とする意識の中で、私は今日このことを誰にも言うのはやめようと思っていました。病に伏せる体を無理やり犯されたのはまちがいありませんが、その衝撃を忘れがたく思っている自分が、またいたから……。

■私はネクタイを彼の勃起したモノの根元に巻きつけ、力任せにグイグイと締めあげ……

チ○ポ責め女王様プレイで見事に保険契約ゲット！

投稿者 木坂くるみ（仮名）／36歳／生保レディ

私には特技がある。

それは、見れば瞬時に相手がＳ（サディスト）か、Ｍ（マゾヒスト）かを見分けられるということ。

これが的中率ほぼ九十九パーセントということで……ね、すごいでしょ？

で、もちろん、そんな特技を実生活で利用しない手がない。

私の場合、それは仕事だ。

そう、相手を生命保険に入らせ、契約をとるために利用するのだ。

たとえば、先週末はこんなかんじだった。

わりと仲のいい同僚から、お客さんになってくれるかもしれないという人を紹介してもらい、セールスをかけられることになった。相手は四十二歳の高校教師で、学校では空手部の顧問をしているという硬派のコワモテ男性……私はその話を聞いただけで、正直、本人に直接会う前から、そのSM的ベクトルを予想できていた。

もちろん、そういうのに限って本質はM……そう、いじめられたいのだ。

自宅に伺ったのは日曜日の午後で、奥さんと娘さんは出かけていて夜まで帰ってこないという。

「こんにちは。本日はお休みだというのにお時間作っていただき、申し訳ありません。○×生命の木坂といいます」

「ああ、はじめまして。小林正人（仮名）です」

その短く刈り込んだ男らしい短髪、精悍で凛々しい顔立ち、筋骨たくましい体つき……はい、予想どおり、M……それも超ドM決定！　もちろん、見た目のタイプだけで百パーセント断定できるわけではないが、そのいかにも硬派な佇まいの中から匂い立つ、ほんのかすかな女々しい香り。

これはもう、まちがいないでしょう。

私はそう確信を深めつつ、出してもらったお茶に口をつけながら、彼の年代や家族構成にふさわしい幾種類かの保険商品についてプレゼンしていった。が、案の定、あまり反応はよくない。それはそうかもしれない。なにしろ今日用意してきたのは、手厚い保障の代わりに、どれも月額保険料が三万円を超える、それなりの高額商品なのだ。でも、こんなときのためにこそ、私の特技がある。

私は一瞬にして、自らをドSモードに切り替えた。

そして、相手を小馬鹿にしたような口調で言い放った。

「ふうん……この程度の保険料でビビるなんて、ケツの穴の小っちゃい男ねえ」

「……なっ……い、今なんて……？」

彼の顔色が変わり、そう訊き返してきた。でももちろん、聞こえていないわけはない。私は明確に言ったのだ。さらに追い打ちをかける。

「いえ、ケツの穴どころか、さぞチ○ポも小っちゃいんでしょうねえ？　あんたみたいな硬派ぶったのに限って……ね」

そう言いながら席を立ち、目をまん丸に大きく見開いて私のことを見ている彼のすぐ背後に立つ。そして彼が着ている半袖ポロシャツの襟ぐりの首の左右両脇から無理やり両の手を突っ込むと、「えっ……」と、彼が驚きの声をあげるのもかまわず、左右の乳首を、伸ばした長い爪でギリギリとつねりあげてやった。

「……な、なにを！　……んっ、くぅぅ……う、うう、んん……」

最初、驚きと怒り、そして苦痛の響きを帯びていたその声音が、徐々に甘ったるくかすれていく。私はその反応を確かめつつ、さらに顔をかがめて背後から彼の耳朶をきつく嚙みながら、囁くように言ってやる。

「うふふ、とかなんとか言って、痛くされるのがたまらないんだろ？　こんなことされて、もう小っちゃいチ○ポを固くしちゃってるんじゃないのかい？　このド変態教師が！　んん？　ほらほらっ」

「うう、うくっ……は、はあ、あ……ああ……」

彼の声は、ますます情けないほどに甘く蕩けていく。

続いて私は壁際に彼を立たせ、服を脱いで全裸になるよう命じた。言われたとおりにした彼のそのペニスは、予想どおり、あられもないほどに勃起していた。ただ、私の言葉責めのセリフとは異なり、なかなかに立派なモノではあったけど。

私は自分でも服を脱ぎながら、ブラとパンティと黒いガーターベルトのみという女王様チックな格好になって彼に近づき、すぐ手近にあった彼のものだろうネクタイを手にとった。そしてそれを彼の勃起したモノの根元に巻きつけ、力任せにグイグイと締めあげてやった。

「んぐっ！　んんっ……ぐひっ……あ、あうぅ……」

「ん？　なんだ？　締めあげれば締めあげるほど、逆に太くなっていくじゃないか！　嬉しいのか？　え？　ほらほら！　このままちぎり取ってやろうか？」

「あ、あぁっ……あひ、ひぃ……んぐぅ……」

「ほら、もっときつくしてほしかったら、ブラを外して私のオッパイ舐めな！　ちゃんとご奉仕したら、もっと可愛がってあげるよ」

「……は、はいっ……んひぃ……」

　彼は言われたとおり私のブラを外すと、背をかがめて彼より十センチ近くは背の低い私の胸にしゃぶりつき、乳首をチュウチュウ、チロチロと吸い舐めてきた。私も気持ちよくなって、さらにテンションが上がっていった。

　ありったけの力を込めてチ○ポを締めあげてやりながら、激しく声を張る。

「ああ、あ、はぁっ……もっときつく乳首吸ってぇ！　んあっ……あっ、ああ！」

「ううっ……は、はあっ……じょ、女王様っ、わ、わたしのチ○ポ、もうイっちゃいそうですぅ……くはっ、ああっ……」

「なにっ!?　ふざけんじゃないわよ！　あたしのほうは全然満足してないよっ！　ほら、この汚いチ○ポ、あたしのマ○コに入れさせてやるから、ちゃんと腰振って、最後までイかせてみなっ！　ほらほらっ！」

　私は自ら下半身を剝き出しにすると、テーブルに両手をついてバックから彼にインサートさせた。迫力十分の挿入が深く力強くえぐってくる。

「ああ、そう、そうよ……いい、いいわ！　もっと速く、激しくぅ！」

「ああっ、じょ、女王様ァッ！」

「……な、中で出すんじゃないよ……あ、ああっ！」

「……は、はいっ……女王様ぁっ……うっ、うぐぅ……！」

彼は寸前で抜いて、どぴゅどぴゅ、ボタボタとザーメンを床に解き放ち、私もしっかりと絶頂を味わっていた。

五分後。

「はい、じゃあ、ここと、ここと……ここに判を押してください。はい、そこです。ありがとうございます」

私は満面の笑みで書面に署名・捺印させ、彼と正式に保険契約を交わした。私とのプレイをすっかりお気に召していただけたようだ。

「あのう、それで……次はいつ会ってもらえますか？」

当初の居丈高な態度とはちがい、すっかり下手に出た口調で彼に聞かれ、私はにこやかな笑みで答えていた。

「じゃあ今度、また別のちがう契約書を持ってきますので、そのときに」

■彼は仰向けになった私の股間に顔を埋めると、さも美味しそうに舐めしゃぶり……

マンション内見中にいきなり襲われ犯されて！

投稿者 北川京子（仮名）／29歳／不動産レディ

ちょっと前に、大手不動産会社の女性社員が、物件の内見中にお客さんから性的暴行を受けたっていう事件が大きく報道されましたけど、程度の差こそいろいろあれ、あんなのこの業界じゃ日常茶飯事じゃないかなあ。

現に私だって、二ヶ月ほど前に同じような目にあいましたもの。まあ私の場合、けっこうよかったたし、契約も首尾よく結べたんで訴えるようなことにはなりませんでしたが……それでも最初は怖かったですよ。

そのお客さんは三十代半ばくらいのEさんという独身男性で、けっこうメタボなかんじの肥満体型でした。芸能人でいうとお笑い芸人の『とにかく明るい〇村』みたいな。でも、お金はけっこう持ってるみたいで、ブランドもののいい服を着て、向こうが提示した諸条件に合わせて、その日内見に案内した物件は賃貸ワンルームのデザイナーズマンションだったんですけど、五十平米で家賃が二十万というなかなかいいところでした。正直、最近はあまり景気もよくないので、その物件ももう長いこと借り手がなく、ここでなんとか契約を取り付けたいかんじではありました。

「ふうん、なかなかいい部屋ですね。窓からの見晴らしもいいし」

「ええ、最上階の十階で、まわりにはほとんど高い建物もないですからね」

外のベランダから戻り、二重防音のサッシを閉めながら私は言いました。途端に外の音がシャットアウトされ、部屋の中はほぼ無音になりました。

「へえ、窓を閉めるとこんなに静かになるんですね」

「ええ、窓だけじゃないですよ。壁も床も、現状望みうる最高の防音防振動施工になってますから、ちょっとやそっと暴れ騒いだって全然平気です。他の部屋に迷惑をかけることはないし、もちろんかけられる心配もないです」

「ふうん、そう……」

私が自慢げにセールストークを繰り広げるのを聞きながら、Eさんはがらんとして何もない室内を見回し、歩き回っていたのですが、突然こちらのほうを振り向くと、とんでもない行動に出てきました。

私に抱きつき覆いかぶさり、その大きな体で私を床に押し倒してきたんです。

「あっ！　ちょ、ちょっと何を……っ⁉　いやっ、やめてくださいっ！」

私はそう叫びながら身をもがかせ、必死で逃れようとしましたが、優に九十キロはありそうな巨体はびくともせず、私を圧迫してきます。

「ほんとにやめてくださいっ！　人を呼びますよっ！」

「ふふふ、そんなつれないこと言わないでよ。自分で言ったじゃない、どうせ大声出して騒いだって、誰にも聞こえないんでしょ？　おとなしくして、僕といいことしようよ、ね？」

Eさんは下卑た笑みを浮かべながらそう言い、私の胸の辺りをまさぐり、制服のブレザーのボタンを外すとブラウスの上から乱暴に揉みくちゃにしてきました。

「だ、だめっ！　いやっ……やめてーっ！」

ブラジャーごと乳房を揉みしだかれる苦痛めいた感触に喘ぎながら、私はなおも絶叫しましたが、彼は全然怯みませんでした。それどころか、

「僕、知ってるんですよ、この部屋がずーっと借り手がなくて、長いこと空き物件なのを。もう一年くらい？　そろそろオーナーさんからも文句が出てるんじゃないの、ん？　おたくの会社としても、そろそろ埋めたいとこだよね～？　だ・か・ら、僕が契約してあげたら、さぞかしおたくも助かるんじゃないかな、と思って。ね、そうしたかったら、おとなしくいうこと聞いたほうがいいんじゃない？」

と、驚くほど事情通めいたことを言いながら、ますます行為をエスカレートさせてきたんです。ブラウスのボタンが外され、引きちぎるようにブラも取り去られてしまいました。巨体で私を押さえつけながら、剝き出しになったオッパイに顔を埋めてベロベロと舐め回し、ジュパジュパと乳首を吸いしゃぶってきて。

「……ん、んあぁっ、は、あぁっ、い……いやっ……！」

襲いかかる無体な仕打ちに悶えながら、ついさっきまでの嫌悪と拒絶だけの気持ちに代わり、私の中には迷いと葛藤が生まれていました。

ええっ、どうしよう……私がいうこと聞けば、この部屋契約してくれるって。そしたら私の評価も上がって、会社も契約社員の期間延長してくれるかも？　最近ダンナの仕事のほうも危なそうだし、もしそうできたら、すごく助かるなあ……ああ、どうしよう、どうしよう……？

「どう？　ハラは決まった？　おとなしく僕といいことして、契約ゲットする？」

Eさんはそう言いながら、今度はスカートをめくり上げ、ストッキングごとパンティの中に手をこじ入れ、私の股間をまさぐってきました。するとその指の動きが思いのほか繊細で巧みで……なんだか、いい気分に……。

「んぁっ、あ、はっ……あぁん！」

私は一声、明らかな喜悦の喘ぎをあげながら、心を決めていました。

よし、素直に抱かれよう！　そしてここの契約取り付けて、自分の評価を上げるのよ！　すべて生活のためよっ！

「お？　うふふ、そうそう、そうこなくっちゃ」

Eさんは敏感に私の内面の変化を察したようでした。全身からそれまでの乱暴な圧力を抜くと、今度はやさしく丁寧に私の服を脱がしながら全裸に剝き、自分も裸になりました。大きくせり出したお腹でしたが、その下からにょっきりと生えた肉棒も、負けず劣らず立派な迫力で、それまでなんとなく太った人は短小っぽいイメージを持っていた私にとっては意外でした。

彼は仰向けになった私の股間に顔を埋めると、さも美味しそうに舐めしゃぶり始めました。ぷっくりと突き立った肉豆をチュウチュウ、レロレロとねぶり回し、その下でパックリと口を開けてひくつく肉ひだをジュブジュブ、ヌチャヌチャとむさぼって……もうそこは、びっくりするくらい濡れそぼってしまっています。

「……ああ、あ、んあぁ……はぁ、あ、あふぅ……」

「ふふふ、ねえほら、もう準備万端ってかんじの大洪水状態だよ？　入れてほしくてたまらないんじゃない？　ん？」

「……い、入れてくださいっ……くぅっ、い、入れて入れて～～～～～っ！」

私はもう辛抱たまらず懇願してしまっていました。

「よしよし、さあ、じゃあ入れるよ……んっ、んんんっ」

低いうなり声とともに、固く太い肉圧が私のアソコの中いっぱいに膨らみ、それがゆっくりと抜き差しを始めて……あっという間にMAXスピードに達すると、パン、パンッと大きな腹肉が打つ激しい音とあわせて、ピストンの忘我の喜悦が私の中で弾け、快感の火花が弾け飛びました。

「あん、あん、あん、あ……イク、イク、イク～～～～～ッ！」

「くううっ、んっ……んぐぅっ！」

挿入後、ものの五分ほどでEさんは出してしまいましたが、私もぎゅっと濃縮したエクスタシーを味わうことができました。

そしてもちろん、私は無事契約をゲットして評価もアップ！

契約社員期間延長も無事成し遂げられることでしょう。

第四章

艶やかに
咲き乱れる昼顔

■私のアソコは早く固くて太い肉の棒が欲しくってヒクヒクと淫らに蠕動して……

息子の友達のマッチョ高校生の肉棒を満喫したあの日

投稿者 波内佳苗（仮名）／35歳／パート

団地住まいの主婦です。パートで食品会社の事務職をしています。でも、夫はいません。っていうか、今別居中なんです。彼ったらとにかくもう女グセが悪くって、とうとう私も業を煮やして追い出しちゃったっていうわけ。どうせどこかの女のところにでも転がり込んでるんだろうけど、夫が出てってから、もう三ヶ月になろうとしてます。正直、私としてはそろそろ帰ってきてほしいんです。いえ、許してなんかいませんよ、これっぽっちも。

実はお恥ずかしい話、そろそろ私の欲求不満も溜まりがちで……ええまあ、夫は女グセが悪いだけあって、アッチのほうのテクも抜群で私ももうメロメロ。これまでもしょっちゅう夫婦げんかをしつつも、エッチだけは最低週イチのペースをキープしてきたっていう。ところがそれが、夫とのセックスレス期間がもう三ヶ月ですよ⁉ もう毎日ムラムラしっぱなしで、仕事にも集中できない有様だったんです。

そんなある日、うちの高校生の息子の友達だっていう俊太くんが家を訪ねてきました。あ、申し遅れましたけど、私、十八のときにデキちゃった結婚したもので、この歳でそんな大きな子供がいるんです。で、今はその息子との二人暮らしというわけ。

「え、康平なら今いないけど、約束でもしたの？」

「あ、はい。部活の後始末で一時間ほどかかっちゃうけど、先に家に来て待っててくれって言われて。いっしょにテスト勉強しようって……突然、すみません」

「ううん、いいのよ。どうぞ上がって」

もうあいつったら、こういう自分勝手なところ、ほんと父親にそっくり！　私は内心そう愚痴りながらも、その目は俊太くんのすばらしいガタイに釘づけでした。なんでも彼、レスリング部に所属してるってことで、身長はそんなにないけど、制服のブレザーが今にもはち切れんばかりにムキムキでたくましい体をしてたんです。私はついつい視姦してしまいそうになる欲求不満の自分をなんとか抑えつけ、彼を康平の部屋に通すと、コーヒーをいれて運んでいってあげました。そしてそこでちょっとした会話を交わしたんですが、話せば話すほど俊太くんの純情っぷりがかわいく思えてきちゃって……うん、彼、絶対童貞、認定！　との結論に至り、そんなことを考えだすと、なんだかもうインラン人妻の血が騒ぎまくって、居ても立ってもいられなくなってきてしまったんです。

　すると、そんなタイミングで彼ったら、

「すみません、なんだか暑くって……上着を脱いでもいいですか？」

と聞いてきて、私の返事を聞くまでもなくブレザーを脱ぎ、するとその下はＹシャツではなく白いＴシャツで、もうパッツンパッツンの見事な肉体の迫力を、ますます見せつけられてしまったんです。

　プツン。

　その瞬間、私の中の理性のタガが弾け飛びました。

「俊太くん！」

　たまらずそう口走ると、彼の広い胸の中に我が身を飛び込ませていました。

「えっ、えっ、えっ……お、おかあさん、な、何をっ……⁉」

　俊太くんは面白いくらいに動揺し、必死で私の体を押しのけようとしましたが、そうはさせません。負けじと彼の首っ玉にすがりつき、自慢の豊満なカラダを密着させ、なすりつけました。

「いいの、いいの！　おばさんにまかせてくれていいから！　ね？　大丈夫、怖くないのよ？　すごく気持ちよくしてあげるから！」

私はそう言いながら片手を伸ばして、彼のスラックスの股間を撫で回しました。触れた瞬間に、平常時でも十分にたっぷりとしたその存在感を察知しましたが、続けて触り続けると、彼の股間のモノはあっという間に熱く硬くみなぎり、今にもスラックスの布地を突き破らんばかりに突っ張ってきました。

「うわあ、す、すごい……ねえ、これ、おばさんに直に触らせてっ！」

私はもう完全に好色淫乱モードに突入し、一生懸命抗おうとする彼の手を払いのけ、ベルトを外しジッパーを下げ、中の下着ごとスラックスを引きずり下ろしてしまいました。そして、「きゃあっ！」と思わず歓喜の声をあげていました。

彼の鍛え上げられたごつい太腿の付け根からビンとそそり立ったペニスは、まだ若干皮をかぶっているものの、その太さも長さももはや超ド級のオトナの迫力に満ち溢れていて、巨大で凶暴な毒蛇のように私のことを見据えていたんです。その口元からは、タラリと淫靡な毒液を垂らしながら。

「あ……は、恥ずかしいです……」

「大丈夫、大丈夫！」

私はその太い根元を摑んで引き寄せると、舌なめずりしながら咥え込み、真っ赤にパンパンに張り詰めた亀頭をねぶり回し、吸いたてました。先走り液を滲ませた鈴口も、舌先をすぼめるようにしてえぐりもてあそんであげます。

「あ、ああ……あう、うう……」

それに応じて発せられる俊太くんの甘いよがり声を聞くと、さらに私もますますテンションが上がり、がぜんフェラチオに熱が入ってしまいます。そうしながら、自分のアソコもどうしようもなく濡れ乱れてきているのがわかりました。

「んんん……俊太くん、私のオッパイ触ってぇ……」

私は頭からトレーナーを脱ぎ自分でブラを外すと、Gカップある乳房を彼の眼前にさらし、これ見よがしにブルンブルンと肉房を振り揺らしました。

「あ、ああ……は、はい……」

彼のほうももう躊躇することなく言うことを聞き、私の胸に手を伸ばすと、フェラの快感に陶酔しつつも、ぎこちない動きで乳房を揉み、乳首をこね回してきました。

「んあっ、はぁ……ううん、そう、そうよ、いいわ……もっときつく……ギュウって乳首ねじって……ああっ、そうそう、感じるぅ……」

もう限界でした。私のアソコは怖いくらいにドロドロに蕩けきっていて、早く固くて太い肉の棒が欲しくってヒクヒクと淫らに蠕動していました。

「さあ、もういいわ！　そこに寝転がってちょうだい！」

「……は、はいっ！」

私は彼を康平のベッドの上に仰向けに横たわらせると、その中心で屹立している勃起ペニスの上にまたがり、腰を落としながらそれをズブズブと呑み込んでいきました。それはたやすく深々と奥まで達し、私の子宮に触れてきました。

「あっ、ああ……っ……！」

私はそのまま激しく腰を振りまくり、上下に揺さぶり、胎内で肉の悦びを嚙み締めました。俊太くんもまだまだ拙いながら、必死で下から突き上げてくれます。

「ああっ、も、もうダメ……で、出そうです！」

「いいのよ、おばさんの中に思いっきり出してぇっ！」

そして私はたっぷりと若い奔流を受け止めながら、三ヶ月ぶりのエクスタシーを満喫したんです。

その後、康平が帰ってきましたが、もちろん今日のことは俊太くんと私、二人だけの秘密です。今後、いつ夫が帰ってくるかわかりませんが、それまでの間、俊太くんにレスリングとはまた違った『寝技』の極意を教えてあげようと思っている私なんです。こんな私、母親失格かしら？

■彼は四つん這いになった私のバックからたくましい巨根をズブズブと挿入して……

最強のセックスマシーンと対峙した私の驚愕バースデイ

投稿者　北岡真帆（仮名）／31歳／専業主婦

この間、仲のいい主婦友二人が、私のお誕生祝いしてくれるっていうもんだから、わあ嬉しいって素直に喜んで、二人のうちの一人・さとみさん（三十二歳）が住むマンションに向かったのね。もちろん、それぞれのダンナが仕事でいない平日のお昼の一時くらいに集合ってことで。

私が行くと、すでにもう一人の久美子さん（三十歳）も来ていて、さとみさんと二人で誕生祝い用の飲み物や食べ物を用意してくれてるところで、きゃー、申し訳なーい！　ってかんじ？　二人とも「いいの、いいの。今日はあなたが主賓なんだから」って言って、私も、じゃあお言葉に甘えて、と。

それからほどなくして、二人の「お誕生日おめでとー！　かんぱーい」っていう合図とともにワインのグラスを掲げて、パーティー開始。ウー○ーイーツで頼んだ美味しい料理をむしゃむしゃ食べながら、上等なワインを飲んで、いろんなおしゃべりをして……そりゃもう楽しい宴だったわ。

で、そんなこんなでふと時計を見ると、もう二時間近くが経ってるじゃないの。私、そろそろ夕飯の準備のための買い物にも行かなきゃいけないから、って言っておいとましようとしたのね。そしたら、さとみさんと久美子さんの二人して、あらダメよ、パーティーの本番はこれからなんだから、って言って、帰してくれようとしないの。

私が、えーっ、そんなの困ったなーって思ってると、ピンポーンって鳴って、マンションのエントランスに誰かこの部屋宛ての訪問者が来たという合図が。それにさとみさんが手際よく応対して、それから二～三分後に玄関チャイムの音がした。

「ほら、来た来た！」って、久美子さんが浮足立ったようなかんじで言い、玄関ドアを開けに行ったさとみさんが出迎え、連れ立ってこの部屋に入ってきたのは、見たこともないイケメンの若い男性だったわ。しかも、見るからに筋骨たくましい立派なカラダしてるし……ちょっとちょっと、いったい誰、これ？

そんなふうに私が怪訝な顔してると、さとみさんが驚きの発言をしたわけ。

「さあ、真帆さん、彼が、私と久美子さんからの心を込めた誕生日プレゼントよ！　最近ご主人とはめっきりセックスレスだって、この前嘆いてたわよね？　彼、その筋の業者に頼んで来てもらった最強のセックスマシーン・翔平くんよ！　今日は心ゆくまで彼との最高のセックスを楽しんでちょうだいっ！」

「そうそう！　腰が抜けるまでヤッちゃってちょうだい！」

久美子さんまで調子よく合いの手を入れる中、いや、いきなりそんなこと言われても……と、さすがに腰が抜けるどころか、腰が引けちゃう私。よそ様のマンションの部屋で、こんな昼日中から見知らぬ男性とヤルなんて……いや、ムリムリムリ！

ところが、そんな私に対して、『最強のセックスマシーン』である翔平くんは、さぞかしこれまで私と同じような反応をする顧客に相対してきたのであろう、余裕すら感じさせる柔らかな笑みを浮かべながら近づいてくると、私の耳元に唇を寄せて魅惑の甘いボイスで囁いてきた。

「ねえ、せっかくのお友達の好意をむげにするのはやめましょうよ。あなたのためを思って僕を雇ってくれたわけだから、ありがたく受け取って、二人でたっぷりと楽しみましょうよ」

その耳朶をくすぐるような囁きにゾクゾクしながら、私は、ああ、間近で見れば見るほどイケメンだなあ、と思わずウットリしちゃったわ。すると、その微妙に揺らいだ私の一瞬の隙を突くように、彼は私のことをギューッと抱きしめると、首筋に唇を這わせ、うなじにかけてまでの性感帯を何度も何度も行き来させてきた。

あ、ああっ……く、くすぐったいけど……き、きもちイイ～～～ッ！

彼のたくましい肉体の圧力は本当にすごくて、私はそれに押しつぶされんばかりにされながら、同時に甘美な陶酔に呑み込まれていくようだった。

ふと、さとみさんと久美子さんのほうを目の端で窺うと、二人並んで仲良くソファに腰かけ、ワイングラスを揺らしながら笑顔でこっちを見つめていた。そう、まるで自分たちの贈ったプレゼントが、ちゃんと相手を満足させているかどうかを見極めようとするかのように。

「ふふ、彼女たちのことなら大丈夫ですよ。実はもう何度も僕のことを呼んでくれてるお得意様ですから……あなたも安心して気持ちよく楽しめばいいんですよ」

え、ええっ！　そうなの？　あの二人ったら、いつもこんなことを……!?

それは驚きだったけど、たしかに彼の言うとおり、それでちょっと安心できる気がしたわ。じゃあ、私もやっちゃって大丈夫かなーって……。

翔平くんは、より私のことを安心させようとするかのようにやさしい笑みを浮かべると、着ていた服を脱いでピッチリとしたボクサーショーツ一枚の姿になった。見事に鍛え上げられた美しい筋肉とともに、モッコリと大きく膨らんだ股間部分がイヤでも目に飛び込んできてしまい、私は思わずゴクリと大きく生唾を呑み込んだ。

「ふふふ……これ、舐めてみたいですか？」

彼にそう問われ、私は即座に頷いていた。

「じゃあ、脱ぎますね。さあ、あなたも脱いで、そのキレイな体を見せてください」

ちょっと恥ずかしかったけど、私は言われたとおり服を脱いで、私たちはお互いに全裸で向き合う格好になったわ。

そして彼がボクサーショーツを脱いでソファの上に仰向けに寝そべり、私はその股間に顔を寄せていった。すると、彼のものはまるで期待に身を震わせるかのようにピクピクとうごめき、私が手を触れるまでもなく、ムクムクとその身を大きく膨らませていった。そして、あっという間に私の目の前で天に向かって真っすぐにそそり立って！

もう、両手合わせていただきまーす！　ってかんじよね。

私は彼のパンパンに大きく膨らんだ亀頭を先端からずっぽりと咥え込むと、そのくびれ部分に舌先をからみつかせてねぶりたてながら、これ以上ないほどの激しいストロークで喉奥に出し入れしてフェラに没入したわ。そりゃもう最高の咥え心地で、しゃぶりたてながら、こっちのほうが恍惚としちゃったくらい。

もちろん、彼のほうもビンビンに感じてくれて、カチンコチンにこわばったペニスの先っちょからジンワリとガマン汁を溢れ出させちゃって、その独特の甘苦い風味もまたたまらなく興奮ものだった。

「ああ、キモチいいです、奥さん。僕にも奥さんの甘く熟れたいやらしい果実を味わわせてくださいよ」

彼のほうもそんな、ちょっとロマンチックな表現を用いながら私のオマ○コに食らいついてきて、じっくり、たっぷりと舐めしゃぶり尽くしてくれたわ。

「あああっ……いい、いいわぁ……感じるぅ～～～～」

「僕のほうももう、ガマンできなくなっちゃいました。そろそろオチン○ン入れちゃっていいですか？」

「はあっ……おねがい、入れて！　奥の奥までガンガン突き入れてぇっ！」

そして、彼は私のリクエストに応じて、四つん這いになった私のバックからそのたくましい巨根をズブズブと挿入してきた。その肉棒の力感たるや凄まじく、私は背を大きくのけ反らせ、メスけだもののようにアン、アンと喜悦にむせび喘いでしまった。

こんな気持ちいい挿入、生まれて初めて！

そして三回ほど絶頂に達したあとぐらいだったかしら、いきなり、全裸になったさとみさんと久美子さんが乱入してきたのは。

「あん〜、あたしもガマンできなくなっちゃったぁっ！」

「私も私もっ！　ねえっ、混ぜてもらってもいいでしょ？　あなた、三人ぐらい相手にできるわよね？」

「え〜っ、マジっすかあ？　いいですけど、その分の割り増し料金はちゃんといただきますからね？」

「そんなのもちろんよ！　たっぷり弾んであげるわ。だから、さあ早く、あたしのオマ○コも突きまくってぇっ！」

翔平くんは淫乱奥様がたの攻勢にたじたじになりながらも、その『最強のセックスマシーン』の面目躍如とばかりに性力を振り絞って、さとみさんと久美子さんもたっぷりと可愛がってあげたあと、最後にまた私のほうに戻ってきてくれて、私をラスト・オーガズムに導いてくれるとともに、自分も溜めに溜めた大量のザーメンを放出したのね。そりゃもうすごい迫力だったわ。

というこことで、このバースデイ、一生忘れられないんじゃないかな？

■課長相手でしか味わえない、オンリーワンかつ絶妙の快感が私の全身を貫いて……

会社内トイレで課長との不倫エクスタシーに溺れて！

投稿者　東出ゆかり（仮名）／26歳／OL

私は去年、同じ部署の同僚男性と社内結婚をしました。

まあ今どき、それで暗黙の了解的に寿退社しなきゃいけないようなことはありませんが、夫のほうが部署替えになりました。ちょうど社内で新規の大きなプロジェクトが動き出すことになり、夫はその戦力として期待される形での異動でした。同僚たちからは、「彼、実質出世みたいなものだからいいけど、新婚の妻としてはさびしいよね。いつも一緒にいられないなんて」と同情されましたが、正直、私としてはそのほうがありがたかったです。

なぜなら、課長（三十六歳）との白昼の情事がやりやすくなるから。

課長にはもちろん奥さんがいて、小さな子供も二人いますが、実は私たち、私が結婚する三年前からそういう関係にあるんです。でも、課長はそんなことをしておきながらすっごい恐妻家で、帰りが遅くなるのはもちろん、土日祝日に家族をほっぽって自由行動するようなことも許されず……結果、私との情事は必然的に平日の昼間、会社での業務時間中に手早く、周囲の目を盗んでやるしかないという。

え、どこでやるのかって？

そりゃもちろん、トイレしかないでしょう。

ただし、今あちこちに増えているような、広くて設備的にも便利な『だれでもトイレ』みたいな素敵なものが、うちみたいな中小にあるわけもなく、ごく普通の社内の個室トイレでやるしかありませんが。

当然、他のトイレ利用者に知られるわけにはいかず、こっそり内緒で息をひそめてコトを行わねばなりませんが、これが大変な反面、なかなかスリリングで刺激的で、ノーマルなエッチには望めない、クセになっちゃう快感があるんです。

ん？　そんなシチュエーションが許されるのは、せいぜい四、五分の短い時間だろうけど、そんなんでお互い満足できるのかって？　大丈夫！　これまた私と課長それぞれにピッタリの条件がそろってて、まったく問題ナシなのです。

あ、とか言ってたら、課長が自分のデスクから私に向かってアイコンタクトしてきました。いつもの物欲しげな笑みを顔に浮かべ、トイレのほうに小さく顎をしゃくって誘っています。

とにかく私は、課長とのエッチなしでは生きられない女なので、基本、ノーの選択肢はありません（笑）。こちらも小さく頷き、「すみません、ちょっと実家の親の手術の件で電話しなくちゃいけなくて……五、六分抜けてきます」と、デスクを並べている先輩に言い、「大変ね。いいわよ、いってらっしゃい」というやさしい返事に若干の申し訳なさを覚えつつも、早くも課長とのエッチへの渇望から股間を疼かせながら、そそくさと席を立つのです。

時刻は午後二時半すぎ。

とうに昼休憩の時間は終わっているので、廊下を行き交う社員の人影はほんのわずか。少し周囲を窺っていればすぐに誰もいなくなり、女子トイレ前で密かに落ち合った私と課長は、いちばん奥の個室に滑り込んでいきます。男子トイレのほうはどうしても個室数が少なく、気づかれるリスクが高いので、おのずといつも場所は女子トイレのほうになっちゃうんです。

二人、狭い個室内に体を押し込み、鍵をかけました。

私たちのルーティーン的には、キスは絶対にしません。そうすることによって私の口紅が剝がれ、課長のほうも口のまわりが紅く汚れてしまえば、事後、お互いに化粧直し的作業が必要になり、そんなタイムロスは避けたいからです。

まず、私が蓋を閉めた便座の上に腰を下ろし、その前に課長が立ちはだかります。私はそのスーツのズボンのベルトに手をかけ、カチャカチャとバックルの金具を外し、ズボンと下着を膝まで引き下ろしました。

ほぼ私の目の高さに、課長のペニスが丸出しになりました。まだ完全ではないものの、すでに七割がた勃起し、その特有の右に曲がった威容を誇示しています。私の胸は高鳴り、思わずアソコがジュンと熱く潤みました。

そう、この『右曲がり』こそが、私が結婚してもなお、課長から離れられない理由なんです。ノーマルな形状のペニスの夫とのセックスももちろんできるし、普通にイクこともできますが、なんていうのでしょう……課長のこの右曲がりのペニスと私のヴァギナのフィット具合ときたら、そんなのもう比べものにならないくらいのキモチよさで……イキ方のレベルが全然ちがうんです！　ああ、早くコレをオマ◯コに呑み込みたい！　私はそう熱望しながらペニスを口に含み、口紅が剝がれないよう気をつけながら、顔を前後にグラインドさせて刺激を加えていきました。

「んん……、ん、んくぅ……はぁ、は……」

課長の息遣いが荒くなっていくとともにペニスにぐっと力がこもり、いよいよ私の口内で完全な勃起状態になりました。早くも先端から滲み出した先走り液が苦い味わいをもって私の舌をさし、本格的に私の性感に火をつけました。

「あ、ああ……課長、あたし……もう……」

課長は昂ぶる私の喘ぎに対し、わかってるよ的な表情をすると、お互いの体勢を入れ替えて私を立たせ、自分が便器に腰を下ろしました。そして、私の服に手をかけてスカートをめくり上げると、パンストごと下着を引きずり下ろし、右足のほうだけ完全に抜き取り、股を開きやすい格好にしました。

そして自分で勃起ペニスに手をそえて直立させると、そこに私の体を沈めさせていって……ず、ずぶ、ずぶぶ、ずず……。

「あは、はぁ……あふ、んふうぅ……」

いやでも洩れてしまう声を抑えながら、私はとうとう課長のペニスを根元まで呑み込んで、お互いに向き合っての完全合体状態になりました。

「あ、ああ……東出くん……」

「じゃあ、課長、いきますね……」

お互いの『淫の呼吸』が完全に合ったところで、私は上下に体を弾ませ始め、課長はその腰に手をそえて支え、淫らな共振運動に没入していきました。

と、そこへ誰かがトイレに入ってきた気配を感じました。

一瞬、息を呑みましたが、幸いにも隣りの個室には入らなかったようで、少し離れたところで用を足す物音が聞こえ始めました。

少し安堵した私は上下動を再開させ、それでも必死で声を抑えながら、課長のペニスを喰い締めていきました。

「んん、んあっ……ん、んふぅ……」

右曲がりのペニスのカリが絶妙に私の肉ひだの溝にはまり、ひっかかり、もうこの課長相手でしか味わえない、オンリーワンかつ絶妙の快感が私の全身をこれでもかと貫いてきます。

「くふ、ふう、んんん……うぐぅ……」

「はぁ、はぁ、あ……ひ、東出くん……」

間もなく、課長の声も苦しげに切羽詰まってきました。挿入からの経過時間はまだほんのわずか一分半。

そう、実は課長、とんでもない早漏なんです。

でも大丈夫。

私はこの唯一無二の右曲がりペニスのおかげで、他の男では絶対に味わえないエクスタシーを満喫し、当然、課長のほうも持続時間的に文句を言われることなく、心安らかに射精することができるというわけです。ね、お互いにこの関係をやめられない理由がわかったでしょ？

「う、うう……んくっ、もうだめだ、東出くん……！」

精いっぱい抑えた声で課長がそう呻き、いよいよペニス内を精液がせり上がってきたみたいです。もちろん、私にも絶頂が迫っていました。

ズチュ、ヌチュ、グチュ……尻と太腿……お互いの肉がぶつかり合う湿った音が速く激しくなり、それが極限まで高まった瞬間、

「……イ、イク……ん、んんくぅ〜〜〜〜〜〜っ……」

「うく、う、く……んぐっ！」

狭い個室内にクライマックスが弾けました。

ああ、やっぱり課長との社内エッチは最高！

そうだなあ……そのうち私に子供ができて、産休に入らざるを得なくなるまでは、この関係、やめられそうもありません。

■次長の舌はネロネロと乳首にからみつき、ねっとりと唾液をからめのばしてきて……

氷点下の食肉冷凍庫の中で上司と熱く蕩けあって！

投稿者 赤羽ひとみ（仮名）／32歳／工場勤務

大きな食肉加工工場に勤めて、もう五年になります。

最初はパートで入って、そのうち経験を積み、担当する班のチームリーダーを任せられるようになり、その後、会社からの勧めもあって正社員になりました。収入が増えて夫の扶養からはずれることに抵抗がありましたが、仕事にやりがいを感じていたし、夫婦全体の年収と照らし合わせ、夫ともよく話し合って決めたんです。

そんな中で、私の直上の上司である牧野次長と、仕事の効率化や現場の人間関係などを巡って密に連携をとるようになり、そのうち、お互いに仕事を超えた想いを抱くようになってしまって……とうとう、そういう関係になってしまいました。

牧野次長は私より五才上の三十七歳で、子供のいない私のところと違って、小学六年生の男の子を頭に三人の子を持つパパでしたが、それを感じさせないかわいいやんちゃさを持つ、とても魅力的な人でした。

なので、最初の関係からちょっとびっくりでした。

その日、私と牧野次長は巨大な牛肉がいくつも天井からぶら下がっている冷凍庫の中、二人きりでチェック作業をしていたのですが、そこでいきなり牧野次長が、

「ああっ、寒い寒い！　凍えちゃいそうだよ〜っ」

と弱々しい声音で訴えだし、私に抱きついてきたんです。

そんなこと今まで一度もなかったので、私は慌てて、

「大丈夫ですか？　どこか具合でも悪いんじゃないですか？」

と本気で心配して、その体を支えてあげようとしました。

すると、次長はニヤッといたずらっぽい笑みを浮かべながら、

「おねがい。赤羽さんの中で温めて」

と言い、私は、

「えっ、私の……中？」

と、意味がわからず問い返しました。

それに対して次長は、

「ほらコレ、さわってみて。カチンコチンに凍っちゃってヤバイでしょ？」

と、神妙な口調でいいながら、自分の股間を触らせてきたんです。

そこは、分厚い生地の作業服の上からでもすぐにわかるほど、固くこわばり盛り上がっていました。すごい勢いで勃起していたのです。

「えっ、え、ええっ……!?」

「ね、このままじゃヤバイでしょ？　赤羽さんのあったか〜い穴の中で溶かしてくれないと、凍傷でちょん切らなきゃならなくなっちゃう〜」

次長の言葉に思わず笑ってしまいながら、私は同時に言いようのない欲望の高まりを感じてしまっていました。

「ああっ、次長……かわいそうに……」

そう言うや否や、私は彼の前にひざまずいて作業ズボンを引き下ろすと、マスクをはずし、目の前に雄々しくそそり立った、凍えるどころか熱く湯気が立つくらいに昂ぶっている肉棒を咥え、無我夢中でフェラしていました。もちろん初めてしゃぶる次長のそれは夫のモノより一回りくらい大きく、特に亀頭の縁の張り出しはすごくて、その鋭いエッジはアソコの中でさぞかし引っ掛かってキモチいいんだろうな〜……と、私はしゃぶりながら淫らに妄想していまい、思わず濡らしちゃっていたくらいです。

「ああ、赤羽さん……いや、ひとみさん、上の穴じゃもうガマンできない……下の穴の中でトロトロに蕩けるくらい、あったためてほしい……」

そして次長にそう訴えられたとき、私のほうも望むところでした。ガバッと立ち上がると、力任せに次長のマスクを剝ぎ取り、その唇にかぶりつくようにキスして、恥も外聞もなくおねだりしていました。

「ああ、いいわ、入れて！　次長の肉棒……私の下の穴に……早く、早く！」

そうやってもたれかかった拍子に二人の体が凍った肉塊の一つにぶつかり、ぶらんぶらんと大きく揺れ動きました。

私たちはそのままもつれ合うようにして冷凍庫を出て、隣りにある事務作業用の小部屋に移りました。次長はそつなくそこの内鍵をかけ、これで私たちの邪魔をする者はもう誰もいません。そこには顧客の小売屋さんとのちょっとした打ち合わせ用のソファが置かれているのですが、私たちはそこに倒れ込みました。

「はあ、はあ、はぁ……ひとみさん……」

「んああっ、次長……次長！」

お互いに呼び合いながら双方の作業服を脱がせ合い、あっという間に二人とも裸になってしまいました。

私、実は恥ずかしくて、大きな自分の胸があまり好きじゃないのですが、

「ああ、すごい、ひとみさんのおっぱい、すごい大きい！　うちの奥さんなんか比べ

ものにならないよ……とってもすてきだ！」

次長にそう言われると、すっごく嬉しかったです。

アソコのほうはすでに熱く潤んで蕩けているものの、冷凍庫内の氷点下の室温で上半身は冷えきり、私の乳房は冷たく張り詰めていました。

そこに次長の生温かい舌が這いぬめってきます。

ネロネロと乳首にからみつき、ねっとりと唾液をからめのばしてきて……凍えから癒された乳頭が柔らかくほどけ、先端が妖しい軟体動物のようにのたくり、さらに今度は逆に寒さではなく、性感の昂ぶりゆえに固く突っ張ってきました。

「あ、はあ……次長……か、感じる……たまんない……」

「はふ、はふ……ひとみさんのからだ、すごい食べ頃になってきたよ……それじゃあそろそろ、この下の穴、たっぷりと味わわせてもらおうかな」

「んあ、はぁ……ああん、食べて食べて！　レアで思う存分！」

いよいよ、さっきからまったくいきり立ちが治まらない次長の肉棒がぴたりと私のアソコにあてがわれ、もうみっともないくらいに淫汁が溢れ泡立っている肉割れの中にツプリ、と頭を沈み込ませ、そのままヌプヌプと奥のほうへ分け入ってきました。

「あっ、ああっ……す、すごい、次長！　か、感じすぎる～……」

「うう、いいよ……ひとみさんの中、トロットロで……もうサイコーだあっ！」

そして始まった次長のピストンは、予想どおり亀頭の引っ掛かりがすごくて、そのあまりの気持ちよさに、私は全身をエビ反らせながらヨガり悶えてしまいました。

「あひっ、はぁっ……ああ、あ、イク、イク……もうイクの……！」

「はあ、はあ、はあ……いいよ、イッて！　ぼくはまだまだ全開だけどね！」

次長の絶倫っぷりはそれはもうすごくて、結局最終的に射精したのは、私がもう五、六回もイキまくったあとのことでした。次長のたっぷりのザーメンを、私は上の口で受け止め、ゴクゴクと飲み下してあげたんです。

最近、夫の会社は景気が悪くて夫もあまり元気がなく、夜の生活のほうもさっぱり……そんな中、私は月に二、三回ほど牧野次長との逢瀬を楽しむことで、心身共にいいバランスを保つことができています。

いい上司に恵まれて、とっても幸せです。

■濡れて蕩けたお互いの肉ひだがムッチリと密着し、むさぼり合うようにからみつき……

若く美しい姑との生まれて初めての快感レズH体験

投稿者　田原美智（仮名）／23歳／専業主婦

私は去年の新卒で、そこそこ名の知られた不動産会社に就職したのですが、一年も経たずに辞めることになってしまいました。

ズバリ、寿退社のうえに、世間一般的には立派な玉の輿婚。

というのも、最初に配属されたのが、会社の花形といわれている営業開発部という部署だったのですが、そこの部長に見初められ、しかもその部長というのが、経営者として跡取り修業中の社長の一人息子の御曹司だったという……私のうちはなんの変哲もない一般サラリーマン家庭だったので、そりゃもう父も母も大騒ぎ！

「おまえ、誠一郎さんのこと、嫌いなのか？」

「……ううん、そんなことないけど……」

「よし、じゃああありがたくこの話、お受けしろ！」

ってなかんじで、あれよあれよという間に去年の暮れ近く、私は誠一郎さんと結婚し、県内の一等地にある彼の大きな家に嫁いだというわけです。

そりゃもうもちろん、うちとは格も資産も何もかもが違う家柄ですから、驚くことはい～っぱいあったのですが、その中でも私にとって一番の驚愕は、夫の母である姑・雅子さんその人でした。

その若さと美しさときたら……！

雅子さんが、夫である現社長（六十歳）に見初められ、結婚したのは十八歳のとき。それからすぐに息子の誠一郎さんを授かったので、その誠一郎さんが二十七歳になった今も、まだ彼女は四十五歳という、私の母より十才も若い上に、生まれ故郷の新潟で『三条小町』と異名をとったほどの美貌は健在で、母と比べたとき、そのあまりの落差に正直、笑っちゃうほどでした。

こうして、義父と夫が会社に出ている昼間、家には私と美貌の姑の二人だけという暮らしが始まりました。

その姑ですが、とてもやさしくいい人で、これといった文句は全然ないのですが、初めて会ったときから、曰く言いがたい違和感を感じていました。

それは、お世辞というよりも本気で「きれいですね」「すてきだ」「お美しい」などと言ってくる、周囲の多くの男性陣に対してあからさまな嫌悪感と敵意を示してはばからないということでした。

私だったら、たとえお世辞とわかっていても、それなりに気分よく応じちゃうけどなあ……ましてや姑の場合、皆、ほぼ本気で言っているのだから、あんなにつれなくしなくてもいいのに……と思い、まあそれだけ義父に対する愛情と貞操観念が強いのだろうくらいに考えていました。

そしてあと、時折ふっと気づくと、私に対して食い入るように物欲しげな視線を向けていること……それは今にもむさぼりつかんばかりの生々しさを感じさせるものでしたが、まあ気のせいだろうと思うことにしていました。

ところがそれは、貞操観念どころかその逆、しかも気のせいどころか心から本気だということを、私は後々知らしめられることになったのでした。

それは今年の春先のある日の、温かな午後のことでした。

私は広い庭の草むしりと、たくさんの植木の水やりを終え、けっこう汗をかいてしまったので、シャワーを浴びようと、その旨を姑に伝えてから浴室に向かいました。

脱衣所で服を脱ぎ、汗と土で汚れた下着類を洗濯カゴに放り入れたあと、シャワーの栓をひねりました。

まだ日も高く照明をつける必要はなく、明り取り窓から差し込む柔らかな陽の光に包まれながら、私は気持ちよく裸身を叩くお湯の水流を楽しみました。我ながら二十三歳という若さに満ちた肌は白くシミひとつなく、無駄なぜい肉のない胸や腰回りのなだらかな曲線は瑞々しい色気を醸し出して……自らうっとりと目を閉じ、(今夜、誠一郎さんは抱いてくれるかしら) などと、不埒ながらも無邪気な夢想に気持ちを昂ぶらせていました。そして、ついついそれが高じたあまり、右手を乳房に、左手を股間にやって自慰行為に耽ってしまい……。

そのとき突然、アルミのドアが滑る軽く硬質な音が聞こえたと思った瞬間、ハッとそのほうに目を向けた私は驚愕のあまり固まり、言葉を失っていました。なんとドアが開いたそこには、私と同じく一糸まとわぬ姿の姑が立っていたんです。

「あ、あの、あ…………」

パクパクと口だけを開け閉めし、でもまともに声が出てこない私。

そんな私のことをにっこりと微笑んで見つめ、

「うふふ、美智さんたら、いけない子ね。こっそりそんなことして」

そう言われて私は、初めて自分が両手を使っての自慰行為の真っ最中であることに、ハッと気づきました。

「え、あ、あの、これは……違うんです……あのあの……」

「いいのいいの、誰も責めてなんていないのよ。ただ、どうせなら二人でやったほうが、もっと楽しいかなって思って……」

必死で言い繕おうとする私を軽くいなすようにそう言うと、姑は脚を踏み出し、ずいっと私のほうに迫ってきました。そして、有無を言わさずキスで唇をふさぎ、チュウチュウと吸い、濃厚に舌をからめしゃぶってきたんです。

「……んっ、んふ、んはぁぁっ……」

「……っ、はぁぁ、おいしい！　やっぱり若い子の味はたまんないわぁ！　でも、びっくりしたでしょ？　私ったらいきなりこんなことして……ごめんね。でもね、これが本当の私なのよ」

姑が語ってくれたところによると、自分は生まれながらにしてレズビアンだったのだといいます。ところが、高校を卒業して就職した早々、上司だった義父に言い寄られ、なし崩し的に結婚することになってしまい……以来、自分の本当の性癖はぐっと抑えて、妻として母として偽りの仮面をかぶって生きてきたのだと。

「だからね、こんなに若くて魅力的なあなたが息子の嫁として嫁いできて、しかも毎日二人だけで過ごすなんてことになったとき、そりゃもう日々、あなたを欲する気持ちは高じる一方でね……とうとう今日、ガマンできなくなっちゃって」

この姑の告白で、ようやくこれまで抱いていた違和感や疑問が氷解しました。

でも、かといって、はいそうですかと、それを受け入れてもいいの？

「ね、ものは試しに、一回だけ私のプレイに付き合ってくれない？　それでもどうしても受け入れられなかったら、私もきれいさっぱり、あなたのことあきらめるから。ね、おねがい、一回だけ！」

あまりに必死でそう訴える姑に、私もついついほだされてきてしまいました。結婚して以来二十七年間、ずっと本当の自分を抑えつけて生きてきた彼女……ちょっとだけなら、付き合ってあげてもいいかなと思ってしまったんです。

「わかりました。一回だけなら……」

「ほんと？　やった！　嬉しいっ！」

姑は嬉しそうにそう声をあげると、私に抱き着き、その豊満な裸の胸をぎゅうぎゅうと私に押しつけてきました。頭上から流れ落ちるシャワーの水流を浴びてずぶ濡れになりながら、妖しげな軟体動物のようにからみ合い、押しひしゃげ合う、四房の柔らかな肉塊。お互いを擦りつぶし合うかのように密着する四粒の乳首……最初はあった、レズビアンに対する嫌悪感的なものもいつの間にか薄れ、甘美な恍惚感のようなものに包まれていきました。

「あ、ああ……な、なんだか……ヘンなかんじです……んんっ……」

「うふふ、キモチいいでしょ？　女同士の器官の接触って、とてもいいのよ。丸くて柔らかな肉同士がからみ合うと、えも言われずたまらないでしょ？」

「は、はい……」

「うふふ……でもね、そんなの序の口よ。ホンモノの素晴らしさはこんなものじゃない……ほら、脚を開いて！」

姑はちょっとサディスティックな口調でそう言うと、私の両脚の間に膝をグッと突っ込み、左右にグイグイと押し広げさせました。そしておかげでパックリと開いた私のアソコに、自分のアソコをムニュッと押し付け、妖しげに腰をうごめかせながらグニュグニュと擦り合わせるようにしてきました。

いつの間にか濡れて蕩けたお互いの肉ひだがムッチリと密着し、むさぼり合うようにからみつき……まるでどちらも別個に生きる、謎の淫らな生命体のようです。

「あ、ああっ……ひ、ひあ……す、すごい……」

「はぁはぁはぁ……どう、いいでしょ？　感じるでしょ？　男なんて目じゃないでしょ？　もっともっと気持ちよくなっていいのよ！」

「あ、ああっ……お、お義母さんっ……いひぃっ！」

「いや、いやよ……雅子って呼んで！」

「んあっ……ま、雅子さんっ……はぁっ！」

あまりの気持ちよさに下半身がガクガクと震え、もう立っていられなくなってしまいました。ストンとバスマットの上にくずおれてしまった私に、姑が覆いかぶさり、お互いに体を斜めに反らせて双方の股間をきつく食い込ませ合いました。

「あっ、ああ……もう、だめ……く、くるっ……！」

「美智さん、いいのよ、思いきりイッて！　あ、あたしのほうももう……」

「くあぁっ……ま、雅子さんっ……！」

「イ、イク……イク～～～～～～～～～～～～ッ！」

生まれて初めてのレズH体験……しかも姑とのそれは、これまでで最高のカイカン体験となりました。

姑との関係は、まだこのときの一度きりですが、もしまた今度誘われたら、きっと応じてしまうことになるだろうと思います。

■男たちは私のナマ足をなでなでし内腿をなぞり、ついにパンティをとらえて……

映画館の暗闇で二人の痴漢に淫らにもてあそばれて！

投稿者　杉浦瑛美（仮名）／37歳／パート

とある土曜日の午前十一時。

高校時代の親友、千奈津と待ち合わせてランチ&ショッピングを楽しむはずだったんだけど、出がけになって『ごめん、息子が熱出したって学校から電話かかってきた』ってLINE来たもんだから、予定は急遽キャンセルに……。

はぁ～。せっかくパートもお休みで、張り切って化粧もしたのに、このまま家にいるのももったいない……そうよ、一人でも出かけて有意義に過ごさなくっちゃ！

で、一人ぶらついていた街の片隅で偶然見つけた映画館。古い恋愛映画を上映している今どき珍しい名画座だ。上映中の作品は中学生の頃見たくて仕方なかった大人ロマンス映画……他にも大昔の有名作品が二本、館内は入れ替え無しで料金は一二〇〇円とお得、こりゃもう観るしかないでしょっ！　たまには大きなスクリーンで楽しむのも悪くないわよね。

さっそくチケットを買い、コーラとポップコーン片手に席に着く。もちろん座席も自由で、「この辺りが見やすいかな」と、後ろから二列目のど真ん中に鎮座した。

あらためて見渡せば、お客さんは誰もいない……いや、一番前の列に一人の老人が座っているだけで、その人は椅子にもたれて眠っているようだ、きっと朝からここにいるんだろうな……。

ブ～～～という合図で観たい映画がさっそく始まった。スクリーンに映る主人公の顔、僅かにセピア色に褪せてて時代を感じる……そんなことを思っていた時のことだった。（ん？）右足に何か触った……というより、太腿に大きな手のひらが置かれている。右横を見ると男性が座ってるけど、館内が暗すぎて顔がよく見えない。

「あ、あの……」

やめて下さい、と声に出そうとしたとき、今度は左足の太腿にやはり大きな手のひらの感触があって、左側の席にもやはり男性の姿があり、私の頭は一瞬パニック状態。

（え、え……これって二人とも、痴漢……よね⁉）

でも、『やめてください‼』そう叫びたいのに声が出ない。大声出したところで助けてくれる人は誰もいない。一番前列の老人も未だ爆睡中だ。

（さっさと立ち上がって出ていこう！）そう心に決めて両足に力を入れた。でも男たちの手は『行くな！　立つな！』とばかりにムギュッと太腿を鷲掴みにした。恐怖に体が縮こまる。すると、私が観念したと思ったのか、右の男の手が力を緩め、指先でゆっくり撫で始めた。反対側の左の男も私のスカートをたくし上げ、大胆にもその中へ手を入れてきた。

（ちょっとぉ、新品のスカートなのよ！　もっと大事に扱ってよ！）と、喉まで文句が出かかってるけど、恐怖で固まった私はされるがまま身動きできない！　しかも今日に限って膝下ストッキングを履いてきてしまったから、太腿んとこはナマ足っ！

（この男たち、ここから先に進んで来る気じゃ……？）ふいに頭をかすめたことが、すぐに現実になった。男たちはナマ足をなでなでし内腿をなぞり、ついにパンティをとらえた。その薄い生地の上からモロあそこをさすられて、私はとうとう声を漏らしてしまった。「ん……アア～……」ダメよ、ダメと思いながら、されるがままになるしかない私は、自分でも知らぬうちに両足を広げてしまってる。右の男の手は股間に忍び寄ってパンティの上から穴をなぞり始め、左の男の手はパンティの脇から指を入れてあっという間に私のクリちゃんをとらえた。

「あああ～～～……」私はのけぞった。

こんな暗闇で二人の見知らぬ男にアソコを触られいじられ、すでにグチョグチョに濡れてしまっている。まるでエロビデオさながらの痴漢シーンだわ……しかもまだ真昼間だというのに……！　ハァハァハァハァ……！　ああん、興奮してきた！

私の手は、自然と男たちの股間めがけて伸びていった。ズボンの上から触れると、どちらのもカチンコチンに固くなってる。チャックを下ろして、オスの陰部を引っ張り出し強くしごいてやると、男たちのほうも、

「おう～～～～」「はううう～～～」

と、まるで盛りのついた小動物のように情けない声を洩らし、私にされるがままになっている。私のほうもすかさず腰を浮かして合図を送った。『さぁ、私のパンティを下ろしてちょうだい』男たちは息を荒げながらパンティを膝まで引きずり下ろしてきた。私は更に開脚し、窮屈そうにしていた女の貝肉を開放した。同時に愛液が溢れ出てくる。貝が嬉し気にパコパコ音を立てて、『さぁ、もっと奥まで入ってきて』と、おねだりしている。まずは右の男の指がズブズブと入ってきた。二本か三本か……膣いっぱいに荒波のように激しく出し入れされ、

「あああ～～～、イイ～～～！」

私は喜悦の声を上げてしまう。映画はちょうど嵐のシーンで、さっきから館内中に雷鳴が轟いて、私の艶叫はうまい具合に掻き消されている。

「あんあんあんっ、そこそこ～～～～！」

もっと奥に入れてとばかりに私は背を丸め、アソコを前に突き出し膝を立てた。スクリーンの淡い光で時折、その淫らな格好が浮き彫りになるけど、私はもう止まらない。男たちの手も指も私を突くことをやめない。

「あああ～～～！　イイ……イイ～～～！」

私も二本のオスの陰部をしごき続ける。

「おおおおお～～～～！」

「ぐぅああああ～～～～～！」

クッチョクッチョクッチョクッチョ……。

グリユグリユグリユ……。

「あうっあうっ……イキそうよぉ～～～～～～！」

「むぐぅ～～～～～～～！」

「ふぁぁぁぁぁぁぁ～～～～！」

ガクンガクンと椅子が揺れて、見知らぬ私たちは同時に互いの陰部を淫らな水浸しにして、果てた。

ハァハァハァハァハァ……。

指を抜かれた後も、アソコがピクついている。

痴漢快楽に酔いしれて少しの間目をつぶっていたけど、ふと目を開けると、すでに両脇の男性の姿はない。用が済んでサッサと退散したらしい。通報される、とでも思ったのかしら？　そんなわけないじゃない、ねぇ？　夫とのマンネリセックスより数倍感じてしまったわ！

それからの私は、パート休みの日に一人で名画座に出かけるのが一番の楽しみとなりました。彼らはどこの誰かは知らないし、暗闇で顔もよくわからないけど、不思議と毎回遭遇して、あの卑猥な行為を私に仕掛けるんです。

あ～もう、この刺激、くせになっちゃいそうです。

■杉田さんのそれは燃えるような熱を持ち、ドクンドクンと脈打っていて……

泥酔した夫のすぐ横でその上司とシテしまった私

投稿者 斉藤なずな（仮名）／25歳／パート

ほんともう参りました。

昨日の真夜中、何の連絡もよこさなかった夫がようやく帰ってきたと思ったら、なんと課長の杉田さんが一緒で……急遽二人で飲みに行くことになって、すっかり飲み過ぎた夫はベロンベロンに泥酔し、杉田さんがわざわざ家まで送り届けてくれたんです。ああ、まじ申し訳ない。

もう終電もない時間でしたから、杉田さんには泊まって、リビングのソファで毛布をかぶって寝てもらうことになりました。

「ほんと、申し訳ありません」

「いやいや、いいんですよ」

杉田さんは気にしなくていいと言い、やさしい笑顔を向けてくれたんですが、その目の中に、なんだか妖しい光を見たように感じたのは、私の気のせい？

そして今朝。杉田さんが泊まってはいるものの、土曜だしそんなに早くは起きてこないだろうと高をくくって油断し、夫婦の寝室の中、まだ爆睡する夫の隣りで私がまどろんでいたときのことでした。確か午前九時近かったと思います。

ふぁさっ、と、すぐ横のベッドのマットレスが沈み込むような感覚を覚えました。夫が寝ているのとは反対側です。ん？　と私は、その違和感に薄く目を開けて確認しようとして……驚きました。

なんと私の顔のすぐ脇に、杉田さんの顔があったからです。

薄明かりが差し込むカーテンの引かれた窓を背にして、その顔は逆光に陰っていましたが、目を点にしている私に対して、いたずらっ子のような笑顔を向けているのがわかりました。

「杉田さん、な、何を……っ」

「しっ」

私がしゃべろうとするのを制すると、彼はそのまま私の唇にキスしてきました。そして何食わぬ顔で舌を差し入れ、ちゅうちゅうと吸いながら私の舌にからめてきて……私は一瞬、そのあまりの巧みさにうっとりとして我を忘れてしまいましたが、はっと気を取り直してこのとんでもない現状を打破しようと……試みましたが、できませんでした。

　別に私が悪いわけではまったくないのですが、もし今夫を起こしても、この状況をどう説明したらいいのだろう？　と思うと固まってしまったからです。「杉田課長が無理やり……」というのが事実ではあるものの、そんなの信じてもらえる？　いや、仮に信じてもらえたとしても、そのあと、私も夫も杉田さんにどう対すればいいの？　普段お世話になってる上司を非難して、まさか警察に訴える……？　いやいや、そんな……とかグルグル考えてるうちに、もうわけわかんなくなっちゃって。

　と、杉田さんが低く甘く囁いてきました。

「奥さん、好きだよ……」

　そして寝間着代わりのＴシャツの上から私の胸に触れ、さわさわ撫で回してきたんです。もちろん、下着はつけてなくてノーブラです。

「……ん、んん、あ、あの……んんっ……」

　薄い生地を通して伝わってくる、その絶妙な愛撫の感覚に、慌て混乱する意識とは裏腹に、私はえも言われぬ快感を覚えてしまっていました。いったい何なんでしょう？　非常識すぎる状況がスリルを生み、そのインモラルさとあいまって興奮してしまっているのでしょうか？

「ああ、柔らかくていい揉み心地だ……最高のオッパイだよ」

杉田さんは私のTシャツの中に手を潜り込ませ、直に乳房を撫で揉み回しながら囁きました。たまらずゾクゾクと体がおののいてしまいます。

「……んあ、はぁ……あ、だ、だめです……やめて、ください……」

「しーっ……ほらほら、ご主人起きちゃうよ。そんなのいやでしょ？」

え……いやなの、私？　夫に起きて助けてもらうべきなんじゃないの？　ああでも、夫はすぐ脇で課長に胸を揉まれてる私のこと見て、どう思っちゃうんだろう？　もう、どうしたらいいのかわかんないっ！

そう、今となってはもう手遅れなんです。

拒絶するなら、一番最初にそうしておかないと……どう言い訳しようと、私もいくらかの共犯関係を疑われざるを得ないでしょう。

言葉を失ってしまった私に対して、杉田さんは一段とやさしい声で言ってきました。

「わかったかい？　いい子だね。さあ、ご主人を起こさないように、二人で気持ちよくなろうね」

そしてTシャツをめくり上げると、チュウチュウと乳首を吸い、時折カリッと甘く嚙んできて……そして同時に、手をパンティ一枚だけの下半身のほうに伸ばし、その内側にもぐり込ませると私のワレメちゃんをいじくってきました。クリトリスをこね回し、恥ずかしい貝肉の隙間に指を突っ込んで掻き回して。

「んあっ……あ、はっ……ああ……」

「だめだめ、声もっと抑えて。聞こえちゃうよ？」

杉田さんはそう言って私をいやらしくいたぶりながら、手をとると自分の股間に持っていって、男性自身に触れさせました。すでに硬く大きくいきり立っているそれは、燃えるような熱を持ち、ドクンドクンと脈打っているようでした。

「ほら、奥さんのことが欲しくて、こんなになっちゃってるんだよ？　ああ、そうだ、やさしくしごいて……う、ううむ……」

言われたとおりすると、ますますそれは力強く膨らみ、私は知らず知らずのうちに、もっともっと激しくしごきたててしまっていました。そのうちに先端から粘ついた液が出てきて、私の手にまとわりついてきました。

「うくっ……ん、ふうむ……」

「はっ、んん……くふぅ……っ……」

お互いに手でいじくりあっているうちに、いよいよ高まりきってきました。

「さあ、奥さん、入れるよ。ゆっくり、ゆっくり……そう、静かに、でも激しく……

ああ、熱い肉がからみついてくるよ……」

「あ、あひ……っ、んん、んあっ……」

ついに杉田さんのモノを挿入され、私は自分から腰をうごめかせて、その固くて太い昂ぶりをむさぼりました。

「あっ、あ、あ、んあ……はっ……」

精いっぱい抑えた声でそうヨがりながら夫のほうを窺いましたが、まったく起きる気配はありません。

それから私たちはもう少しだけ音量とテンションを上げて交わり、ついにお互いにクライマックスにイキ果て、ぐったりと達してしまったのでした。

それから一時間後になって、ようやく夫は目を覚ましました。

「おはよう、あなた。杉田課長、ついさっきお帰りになったわよ」

「ええっ！　やべえなあ……俺のこと、怒ってなかった？」

「さあね。月曜に会社で謝るのね」

私と杉田さんだけの秘密です。

■喪服の襟元を掴むと力まかせにこじ開け、白く艶めかしい胸の谷間をぐいぐいと……

亡き同僚の遺影の前でその妻を押し倒し犯して！

投稿者 宇高彰（仮名）／30歳／会社員

仲のいい同僚の山浦が交通事故で急死したとき、私はちょうど北海道に長期の出張中で、通夜にも告別式にも出ることができませんでした。なんとか仕事にけりをつけて帰って来れたのは告別式の翌日。私は遅ればせながらお悔やみを述べるべく、黒い礼服に身を包んで、昼の二時頃に彼の自宅マンションに向かいました。

出迎えてくれた妻の理沙さんは、おそらく昨日の葬儀が終わってから、まだそのまま一睡もしていないのでしょう。和装の喪服を着たまま、見るからに憔悴した表情で、私を山浦の遺影と骨壺が置かれた六畳の和室へと導きました。

私は線香をあげて手を合わせながら、脇で正座して顔をうつむけている理沙さんの様子を窺い、まだ二十八歳という若さでいきなり未亡人になってしまったその悲しみの深さを思い、同情を寄せました。

でも同時に、私は勃起していました。

和装の黒い喪服の襟から覗く、その白すぎる細いうなじに。

ごく薄く紅をひいた少し厚みのある唇に。

そう、私は前から山浦の妻であるこの理沙さんに横恋慕していたのです。初めて、

「今つきあってるんだ」と言って紹介されたときから、その奥ゆかしい美貌と、それとは裏腹の肉感的な体に目がくぎ付けになり、もう忘れられなくなってしまい……おかげで、その頃自分がつきあっていた彼女のことが急速に色あせて見え別れてしまい、今現在になっても独身、彼女なしという有様です。

私は、体の内から昂ぶってくる熱いたぎりをなんとか抑え込もうと必死でした。

ばか、何考えてるんだ、おれ！

突然伴侶を失って深い悲しみに沈んでる彼女を見て欲情してるなんて！

おまえ、ケダモノか？　恥を知れ、恥を！

しかし、いくらそうやって鎮めようとしても、股間のこわばりは痛いくらいにきつくなるばかりで、そこを流れる激しい血流の音が、まるでドクドクと聞こえてくるよう……もう、どうにもたまらない状態でした。

「あ、私ったらお茶も出さないですみません。今、用意しますね」

「……あ、どうぞ気をつかわないで……」

私は、キッチンへ向かおうと立ち上がった理沙さんに、とっさにそう声をかけようとしたのですが、そのとき、彼女の衣擦れの音とともに動いた空気が、えも言われぬ匂いを私の鼻腔に流し運んできました。それは、夫の死による慌ただしさで、おそらくここ数日はちゃんと風呂に入れていないであろう彼女の汗ばみ垢染みた体臭に、ほのかに甘い香水の香りが混じったものでした。

その瞬間、まだギリギリ保っていた私の理性のタガが弾け飛んでしまいました。ただれるように生々しいメス臭が欲望の火薬に火を点け、その激しい爆発とともに私は立ち上がり彼女に飛びかかると、きつく抱きしめ、狂ったように唇をむさぼっていました。

「んんっ、んふっ……んぐ、ふう……はぁっ、な、何するの、宇高さん⁉　やめてっ！」

彼女はジタバタと身をもがかせて非難の声をあげましたが、もう、私は止まりません。怯むことなく、容赦なく彼女の唇を食み、からめた舌を吸いまくりました。

「……んはっ、はっ、はあっ……り、理沙さん、ず、ずっと好きだったんだ！　ずっとこうしたかったんだっ……！」

私はとめどなく溢れ出す彼女への想いと昂ぶる欲望のままに、行為をエスカレートさせていきました。

倒れ込むようにドサッと彼女を畳の上に押し倒して覆いかぶさり、喪服の襟元を掴むと力まかせにこじ開け、白く艶めかしい胸の谷間をぐいぐいと露出させていきました。そしてそこに無理やり顔を突っ込んでしゃぶりついて。

「あ、あぁっ……はあっ、あ……だ、だめっ、宇高さん……んああ！」

「ああ、夢にまで見た理沙さんのおっぱい……た、たまんないっ！」

ますます激情した私は、当然和服の着付けに関する知識などないわけで、ただもう無理やり帯を解き、引き裂くように脱がしていって……とうとうぽろっとこぼれ覗いた丸く豊かな乳房に無我夢中でむさぼりついていました。

マシュマロのように柔らかくふくよかな肉房を両手で鷲掴みにし、揉みしだき、こね回し……大ぶりな乳輪の真ん中にある、少し茶色がかった乳首に吸いつき、れろれろ、ちゅうちゅうと舐めしゃぶって。

「んあっ、あ、はあっ……だ、だめ〜〜〜〜っ！」

理沙さんは大声でそう言いながらも、私の口の中でその乳首は確実に固く尖ってきていました。果たしてそれが、刺激を受けたための単純に生理的・肉体的反応なのか、少しは私の想いに応えてくれようとしているがゆえの気持ちを反映させたものなのか……もう、そんなことはどうでもよくなっていました。昂ぶる興奮のままに私はとうとう彼女の喪服を脱がせきってしまい、畳の上に無残に脱ぎ広げられたその上に横たわる白い裸身を、私は心から美しいと思いました。

彼女を見下ろしながら私は黒いネクタイを外し、礼服を脱いでいきました。そして最後の一枚である下着を取ったとき、股間に屹立したモノはすでに昂ぶりすぎてしまっているかのように、その先端を透明なガマン汁で濡らしていました。

でも私は、焦ってそれを挿入することはしませんでした。もっと彼女自身を味わいたかったからです。

私は彼女の股間に身をかがめると、その思いのほか深い茂みに鼻づらを埋め、口で女性器をむさぼりました。そのメス臭の源泉ともいえる濃厚な香りと味わいに満ちた肉ひだは、すでにたっぷりと粘ついたつゆを孕んでいて、私が舌をうごめかせて舐め吸うごとに、ぴちゃぴちゃ、じゅるじゅる、ぬちゅぬちゅと、あられもない音を響かせて啼きました。

「……あっ、ああ……あひっ、ひっ……んはっ、はあっ……」

悶え喘ぐその表情からは、もう私に対する拒絶と抵抗の意思はないように窺えました。いや、この時点でたとえイヤだと言われても、もう私自身を止めることなどできなかったでしょうが。

「はぁはぁはぁ……り、理沙さん……っ！」

私は正常位で腰を当てがい、彼女の中に挿入していきました。肉洞を奥へ進むごとに、熱い肉ひだが剝き身にからみつき、ぎゅうぎゅうと締めあげてきて。

「あ、ああっ、理沙さんっ……す、すごいっ！　く、ううっ……」

「ああ、あ、あひっ……んはっ、はあ、は、ああん……」

そうやってさんざん貫いた挙句、最後の瞬間、私は長年に渡って溜まりに溜まった想いとともに、大量の精液を彼女の中に注ぎ込みました。同時に彼女の白い裸身がビクン、ビクンと跳ね震え、彼女も達してくれたことが知れました。

今、この日から一ヶ月が経とうとしています。

結局、ことが終わったあと、彼女の気持ちを確かめることなく、無言でマンションを出てきてしまった私ですが、内心、彼女が妊娠していてくれないかなと願っています。はい、そしたらもちろん、結婚するつもりです。

亡き同僚、山浦に代わって彼女のことを幸せにしたいと思っているのです。

人妻手記
あなたごめんなさい……
昼顔妻は持て余した性欲で淫らに咲き狂う

２０２１年７月２６日　初版第一刷発行

発行人　後藤明信

発行所　株式会社　竹書房

〒102-0075　東京都千代田区三番町８－１

三番町東急ビル６F

email：info@takeshobo.co.jp

ホームページ：http://www.takeshobo.co.jp

印刷所　中央精版印刷株式会社

デザイン　株式会社　明昌堂

本文組版　ＩＤＲ